必勝

N5 漢字

Copyright © 2024

All rights reserved. No part of this publication may be reproduced, distributed, or transmitted in any form or by any means, including photocopying, recording, or other electronic or mechanical methods, without the prior written permission of the publisher, except in the case of brief quotations embodied in critical reviews and certain other noncommercial uses permitted by copyright law.

ISBN: 978-1-304-30392-9

Imprint: Lulu.com

Any references to historical events, real people, or real places are used fictitiously. The names of people and most places are products of the authors' imaginations.

All images used within this text are either copyright/royalty free or are under a creative commons share-alike license. Images that are copyright/royalty free will not include attribution. Those under a creative commons share-alike license will have an attribution on the same page that they appear on.

Cover and on-page design by David Honeycutt.

目次

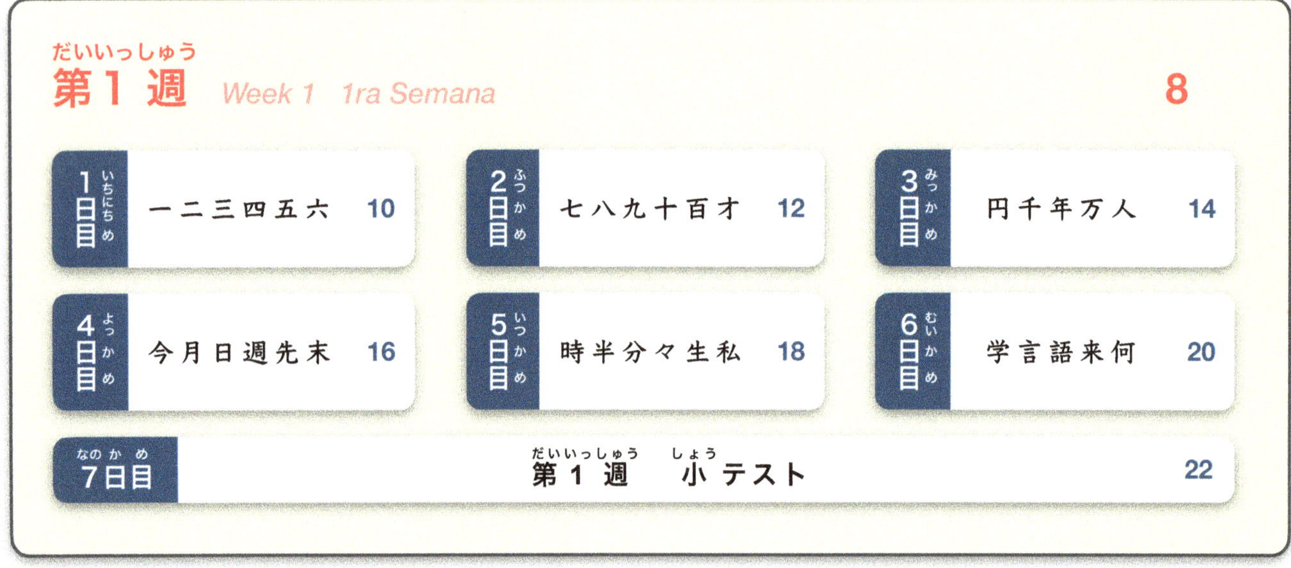

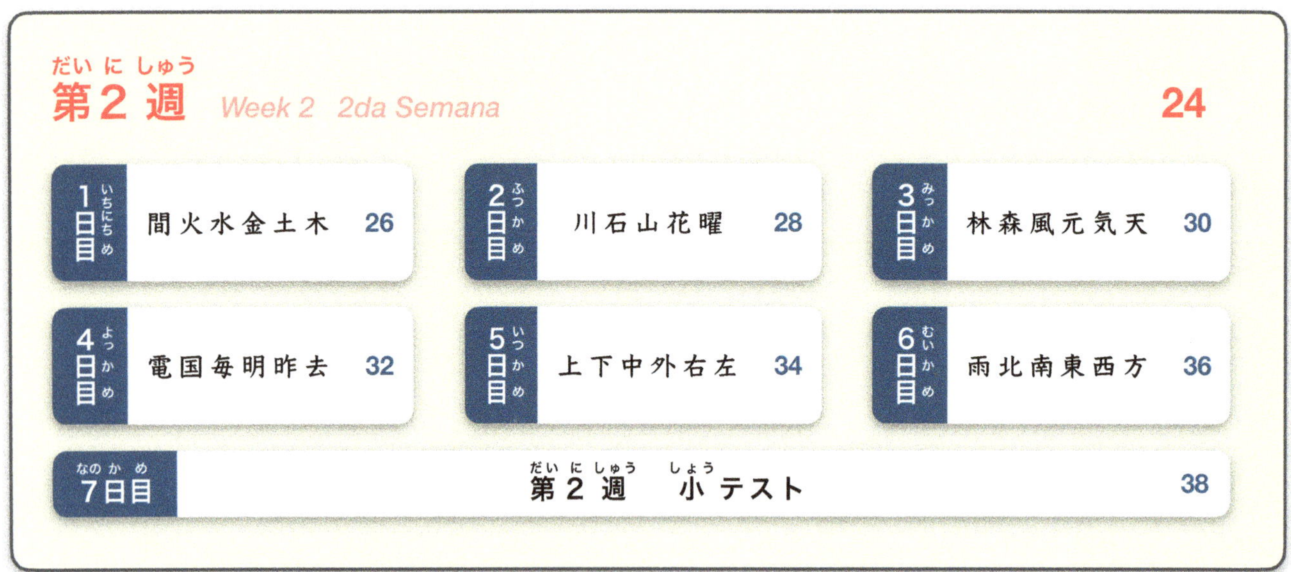

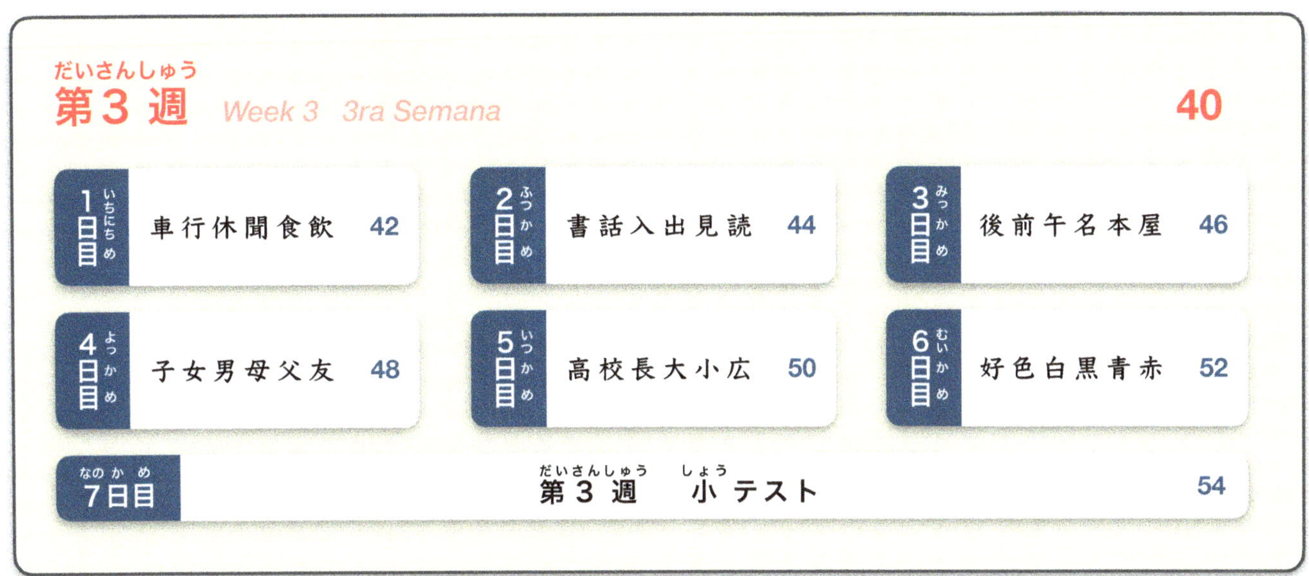

<ruby>日本語<rt>に ほん ご</rt></ruby> <ruby>能力<rt>のうりょく</rt></ruby> <ruby>試験<rt>し けん</rt></ruby>について

日本語 能力 試験は、あなたの日本語 力 を測るテストです。五つのレベルがあります：

N5, N4, N3, N2, N1. レベルN5は一番簡単なレベルで、レベルN1は一番 難 しいレベル

です。この本で、N5の漢字（文字）の練習が出来ます。

The Japanese Language Proficiency Test (JLPT) is a test to measure your Japanese abilities. There are five levels: N5, N4, N3, N2, and N1. N5 is the easiest level while N1 is the hardest. With this book, you can practice for the kanji (character) section of the N5 test.

La prueba de dominio del idioma japonés (JLPT) es una prueba para medir sus habilidades en japonés. Hay cinco niveles: N5, N4, N3, N2 y N1. N5 es el nivel más fácil mientras que N1 es el más difícil. Con este libro podrás practicar para la sección de kanji (caracteres) del examen N5.

テスト時間

Testing Time   Tiempo de Prueba

言語知識 Language Knowledge El Conocimiento de Idiomas		聴解 Listening Escuchando
文字・語彙 *Characters/Vocabulary Caracteres/Vocabulario*	文法・読解 *Grammar/Reading Gramática/Lectura*	30分 *30 minutes 30 minutos*
20分 *20 minutes 20 minutos*	40分 *40 minutes 40 minutos*	

漢字の問題に関して、問題形式が二つあります：「漢字の読み方を選ぶ」と「ひらがなで書かれている言葉を漢字にする」。「漢字の読み方を選ぶ」問題数は7つくらいあって、「ひらがなで書かれている言葉を漢字にする」問題数は5つくらいあります。実際の問題数はテストによりますが、だいたい12個（7つ＋5つ）になります。

When it comes to the kanji section questions, there are two formats: "Select the reading of kanji" and "Choose a kanji word based on the hiragana given." There are approximately 7 questions of the "Select the reading of kanji" format and approximately 5 questions of the "Choose a kanji word based on the hiragana given" format. The actual number of questions varies by test, but there will usually be around 12 (7 + 5).

En cuanto a las preguntas sobre kanji, hay dos tipos de preguntas: "Elegir cómo leer los kanji" y "Convertir palabras escritas en hiragana a kanji". Hay alrededor de 7 preguntas sobre "elegir cómo leer kanji" y alrededor de 5 preguntas sobre "transformar palabras escritas en hiragana en kanji". El número real de preguntas dependerá de la prueba, pero será aproximadamente 12 (7 + 5).

もぎテスト

Mock Tests　Examen de practica

この本にはN5の漢字セクションの模擬テストが三つあります。実際に試験を受けているように問題を解いてください。

There are three practice tests of the N5 kanji section in this book. Answer the questions as if you were taking the actual test.

Este libro tiene tres pruebas simuladas para la sección Kanji N5. Resuelve las preguntas como si realmente estuvieras realizando el examen.

言語知識（文字）－1

文字

もんだい1　＿＿＿＿の　ことばは　ひらがなで　どう　かきますか。
1・2・3・4から　いちばん　いい　ものを　えらんでください。

（れい）　ボールは　テーブルの　上に　あります。
　　　1　あお　　　②　うえ　　　3　した　　　4　よこ

1　一万えん　かかります。
　　1　いっぽん　　　2　ひとめん　　　3　いちまん　　　4　いっせん

2　あした、　花火の　イベントが　あります。
　　1　はなび　　　2　はなひ　　　3　ばなび　　　4　はんか

3　まいにち、　あさごはんを　食べますか。
　　1　さべ　　　2　くべ　　　3　よべ　　　4　たべ

4　今日は　かようびなので、　がっこうに　いきます。
　　1　こんにち　　　2　こんび　　　3　いまび　　　4　きょう

5　元気な　あかちゃんが　うまれました。
　　1　もとぎ　　　2　げんぎ　　　3　げんき　　　4　もとき

6　へやに　入ります。
　　1　てります　　　2　はいります　　　3　いります　　　4　あります

この本の 特徴

かんじ しょうかい
漢字の 紹介

Introducing Kanji
Introduciendo Kanji

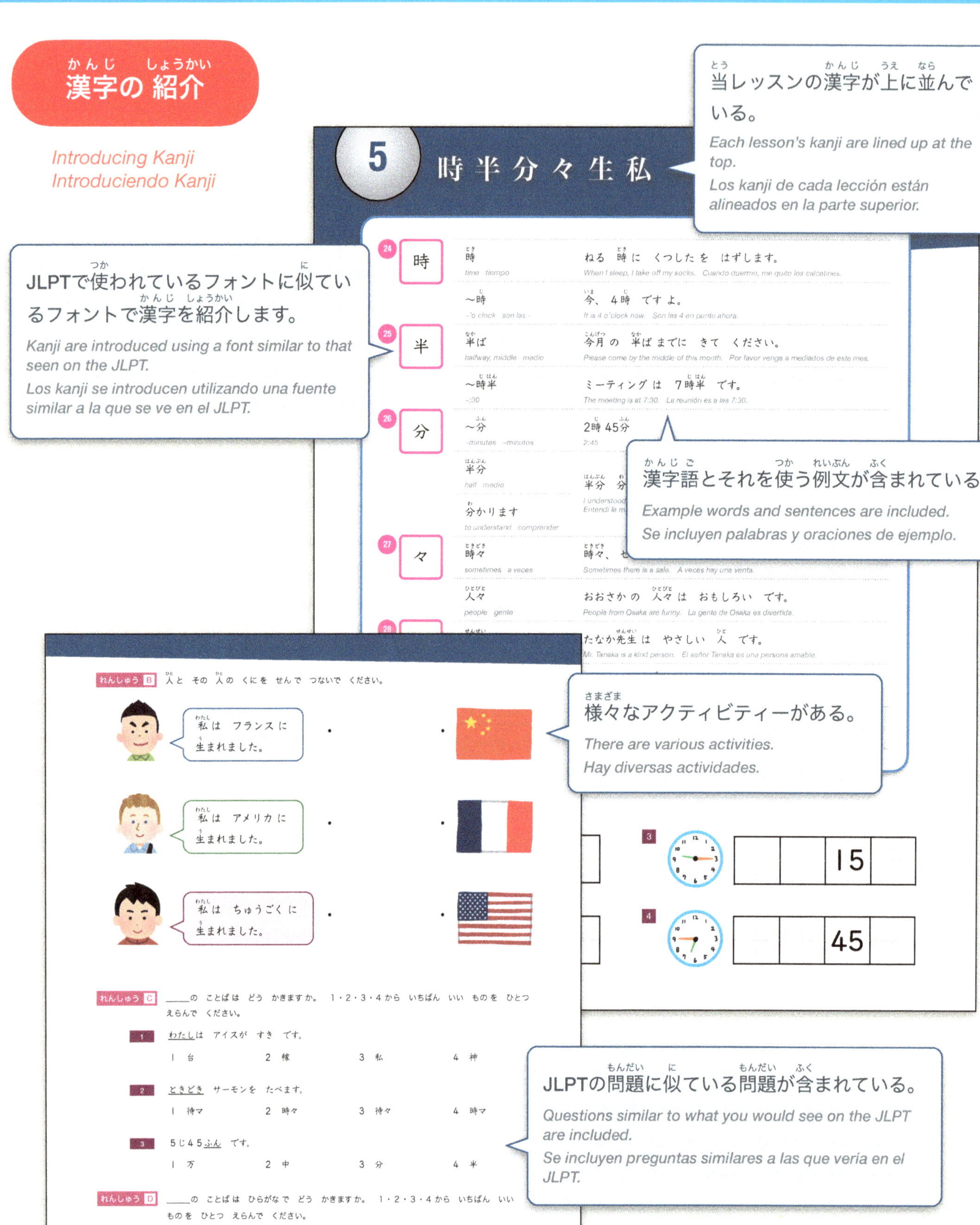

とう かんじ うえ なら
当レッスンの漢字が上に並んでいる。
Each lesson's kanji are lined up at the top.
Los kanji de cada lección están alineados en la parte superior.

つか に
JLPTで使われているフォントに似ているフォントで漢字を紹介します。
かんじ しょうかい
Kanji are introduced using a font similar to that seen on the JLPT.
Los kanji se introducen utilizando una fuente similar a la que se ve en el JLPT.

かんじご つか れいぶん ふく
漢字語とそれを使う例文が含まれている。
Example words and sentences are included.
Se incluyen palabras y oraciones de ejemplo.

さまざま
様々なアクティビティーがある。
There are various activities.
Hay diversas actividades.

もんだい に もんだい ふく
JLPTの問題に似ている問題が含まれている。
Questions similar to what you would see on the JLPT are included.
Se incluyen preguntas similares a las que vería en el JLPT.

5 時半分々生私

24 時　時　time tiempo　ねる 時に くつしたを はずします。　When I sleep, I take off my socks.　Cuando duermo, me quito los calcetines.
〜時　-'o clock son las -　今、4時 ですよ。　It is 4 o'clock now.　Son las 4 en punto ahora.
25 半　半ば halfway, middle medio　今月の 半ば までに きて ください。　Please come by the middle of this month.　Por favor venga a mediados de este mes.
〜時半 -:30　ミーティングは 7時半 です。　The meeting is at 7:30.　La reunión es a las 7:30.
26 分　〜分 -minutes -minutos　2時 45分　2:45
半分 half medio
分かります to understand comprender
27 々　時々 sometimes a veces　時々、セールが あります。　Sometimes there is a sale.　A veces hay una venta.
人々 people gente　おおさかの 人々は おもしろい です。　People from Osaka are funny.　La gente de Osaka es divertida.
28 たなか先生は やさしい 人 です。　Mr. Tanaka is a kind person.　El señor Tanaka es una persona amable.

れんしゅう B　人と その 人の くにを せんで つないで ください。

私は フランスに 生まれました。
私は アメリカに 生まれました。
私は ちゅうごくに 生まれました。

3　15
4　45

れんしゅう C　＿＿の ことばは どう かきますか。1・2・3・4から いちばん いい ものを ひとつ えらんで ください。
1　わたしは アイスが すき です。
1 台　2 様　3 私　4 神
2　ときどき サーモンを たべます。
1 待マ　2 時々　3 待々　4 時マ
3　5じ45ふん です。
1 万　2 中　3 分　4 半

れんしゅう D　＿＿の ことばは ひらがなで どう かきますか。1・2・3・4から いちばん いい ものを ひとつ えらんで ください。
1　にほんごが 分かりますか。
1 はかります　2 ねかります　3 ふかります　4 わかります
2　あの かたは 先生 です。
1 さきせん　2 きょうじゅ　3 せんせい　4 がくせい

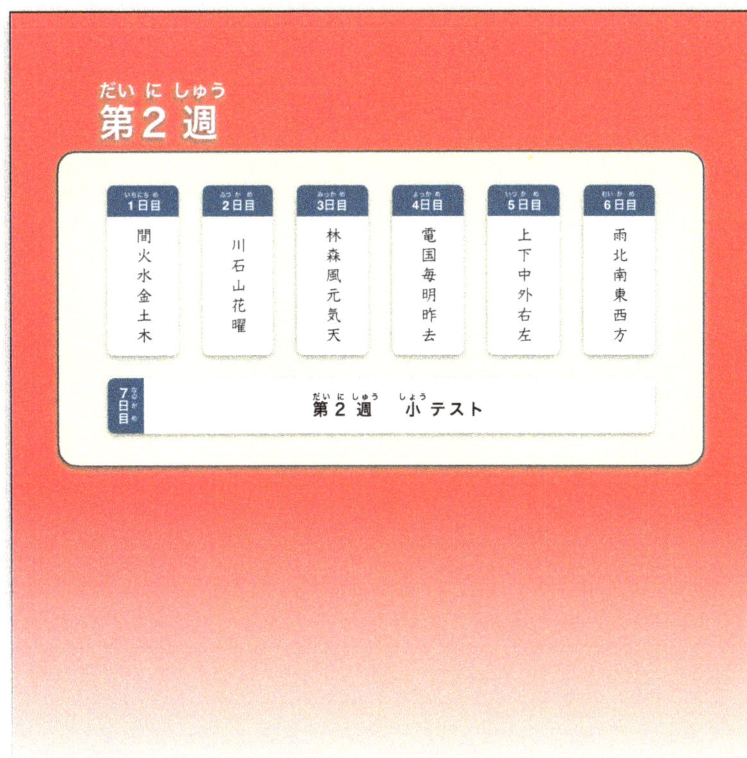

Using this Book
Como Usar Este Libro

6日間、漢字を勉強して、7日目に まとめの小テストがあります。1日 を一つのレッスンにすると、3週間 で終わらせることが出来ます。

After six days of study there is a short test on the seventh day. If you study one lesson per day, you can finish this book in three weeks.

Después de seis días de estudio hay una prueba corta el séptimo día. Si estudias una lección por día, podrás terminar este libro en tres semanas.

ボーナス漢字

Bonus Kanji
Kanji Adicionales

N5よりN4の方で出る漢字が3セットが含ま れている。N5に出る可能性があるので、 念の為この漢字も勉強した方がいいです。

Three sets of kanji that appear more frequently on the N4 exam are also included. Since there is a possibility that they may also appear on the N5 exam, it would be best to study them as well just in case.

Contiene 3 conjuntos de kanji que aparecen más en N4 que en N5. Existe la posibilidad de que aparezca en N5, por lo que es mejor estudiar este kanji por si acaso.

いちにちめ 1日目	ふつかめ 2日目	みっかめ 3日目	よっかめ 4日目	いつかめ 5日目	むいかめ 6日目
一二三四五六	七八九十百才	円千年万人	今月日週先末	時半分々生私	学言語来何

なのかめ
7日目 　　　　だいいっしゅう　　　　しょう
第1週　小テスト

1　一
いち
one　uno

一 たす 一 は なん ですか。
What is 1 plus 1?　¿Cuánto es 1 más 1?

一つ
ひと
one thing　una cosa

しつもん を 一つ きいても いい ですか。
May I ask one question?　¿Puedo hacer una pregunta?

2　二
に
two　dos

一の つぎは 二 です。
2 is after 1.　2 está después de 1.

二つ
ふた
two things　dos cosas

りんご が 二つ あります。
There are two apples.　Hay dos manzanas.

3　三
さん
three　tres

一、 二、 三
One, two, three　Uno, dos, tres

三つ
みっ
three things　tres cosas

ハンバーガー を 三つ ください。
Please give me three hamburgers.　Por favor dame tres hamburguesas.

4　四
よん・し
four　quatro

一 たす 三 は 四 です。
1 plus 3 is 4.　1 más 3 es 4.

四つ
よっ
four things　quatro cosas

この いえに へやが 四つ あります。
There are four rooms in this house.　Hay cuatro habitaciones en esta casa.

5　五
ご
five　cinco

五、 四、 三、 二、 一
Five, four, three, two, one　Cinco, quatro, tres, dos, uno

五つ
いつ
five things　cinco cosas

たまご が 五つ ほしい です。
I want five eggs.　Quiero cinco huevos.

6　六
ろく
six　seis

二、 四、 六 は ぐうすう です。
Two, four, and six are even numbers.　Dos, cuatro y seis son números pares.

六つ
むっ
six things　seis cosas

オレンジ を 六つ あげます。
I will give you six oranges.　Te daré seis naranjas.

れんしゅう A　え を みて、 ただしい ことば を かいて ください。

1　｜　｜つ｜ の たまご

3　｜　｜つ｜ の りんご

2　｜　｜つ｜ の ビール

4　｜　｜つ｜ の でんわ

 おなじ いみが ある もじを せんで つないで ください。

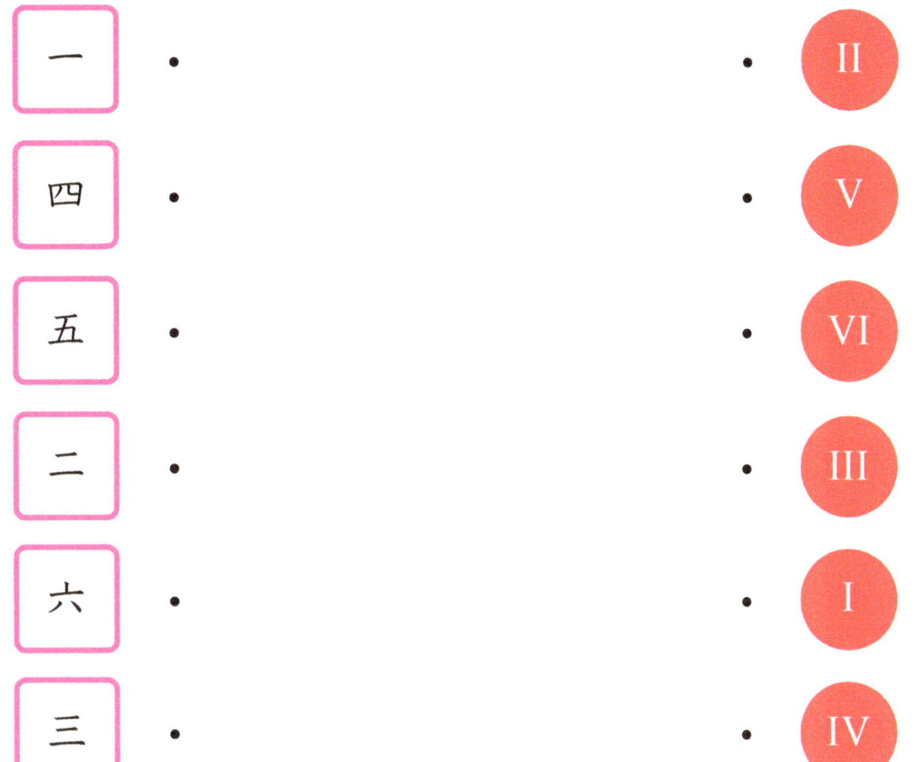

 ＿＿＿＿の ことばは どう かきますか。 1・2・3・4から いちばん いい ものを ひとつ えらんで ください。

1 いち たす ごは <u>ろく</u> です。

1 七 　　　　 2 六 　　　　 3 四 　　　　 4 二

2 プレゼントを <u>ふたつ</u> わたしました。

1 二つ 　　　　 2 三つ 　　　　 3 五つ 　　　　 4 八つ

3 ぼうしを <u>ひとつ</u> ください。

1 乙つ 　　　　 2 九つ 　　　　 3 四つ 　　　　 4 一つ

 ＿＿＿＿の ことばは ひらがなで どう かきますか。 1・2・3・4から いちばん いい ものを ひとつ えらんで ください。

1 コーラを <u>三つ</u> かいました。

1 むつ 　　　　 2 むっつ 　　　　 3 みつ 　　　　 4 みっつ

2 いま、 にほんは <u>五じ</u> ですよ。

1 ご 　　　　 2 か 　　　　 3 いち 　　　　 4 さん

7	七	しち・なな 七 seven siete	わたしの　でんわ　ばんごうは　七から　はじまります。 *My phone number starts with 7. Mi número de teléfono comienza con 7.*
		なな 七つ seven things siete cosas	なな 七つの　トマトが　みえます。 *I can see seven tomatoes. Puedo ver siete tomates.*
8	八	はち 八 eight ocho	に　　　　よん　　　はち 二　かける　四は　八です。 *2 times 4 is 8. 2 por 4 es 8.*
		やっ 八つ eight things ocho cosas	やっ けいたいでんわを　八つ　もっています。 *I have eight cell phones. Tengo ocho celulares.*
9	九	きゅう・く 九 nine nueve	しち　　はち　　きゅう 七、八、九 *Seven, eight, nine Siete, ocho, nueve*
		ここの 九つ nine things nueve cosas	ここの きょう、　ココナツを　九つ　うりました。 *I sold 9 coconuts today. Vendí 9 cocos hoy.*
10	十	じゅう 十 ten diez	じゅう 十まで　かぞえて　ください。 *Please count to ten. Por favor cuenta hasta diez.*
		ごじゅうきゅう 五十九 fifty-nine cincuenta y nueve	ごじゅうはち　　　　　　　　ごじゅうきゅう 五十八の　つぎは　五十九です。 *After 58 comes 59. Después del 58 viene el 59.*
11	百	ひゃく 百 hundred cien	ひゃく 百にんは　さんかしました。 *A hundred people participated. Participaron cien personas.*
		さんびゃく 三百 three hundred trescientos	さんびゃく 三百は　おおすぎます。 *300 is too much. 300 es demasiado.*
12	才	さい 〜才 ~ years old (tengo) ~ años	じゅうきゅうさい わたしは　十九才です。 *I am 19 years old. Tengo 19 años.*

れんしゅう A　　かんじで　かいて　ください。

1　15 years old　15 años

3　26 years old　26 años

2　80 years old　80 años

4　129 years old　129 años

1　三 × 七 = ☐☐☐

4　六十八 + 二 = ☐☐

2　十五 + 四 = ☐☐

5　百 − 二 = ☐☐☐

3　十 × 十 = ☐

6　三 × 九十 = ☐☐☐☐

1　に、よん、ろく、<u>はち</u>

1 六　　　　2 入　　　　3 人　　　　4 八

2　その　あかちゃんは　に<u>さい</u>　です。

1 水　　　　2 十　　　　3 材　　　　4 才

3　じゅう　かける　じゅうは　<u>ひゃく</u>です。

1 日　　　　2 五　　　　3 百　　　　4 白

1　レモンが　<u>七つ</u>　ほしい　です。

1 なな　　　　2 しち　　　　3 しっ　　　　4 やっ

2　<u>八つ</u>　ひつよう　です。

1 やっつ　　　　2 よっつ　　　　3 ようつ　　　　4 ゆっつ

3　<u>三百</u>にんが　きました。

1 みひゃく　　　　2 みつひゃく　　　　3 さんびゃく　　　　4 さんひゃく

13	円	えん 円 *circle círculo*	円の まんなかに おいて ください。 *Place it in the center of the circle. Colócalo en el centro del círculo.*
		～えん ～円 *~ yen ~ yenes*	45円で かえます。 *You can buy it for 45 yen. Puedes comprarlo por 45 yenes.*
14	千	せん 千 *a thousand mil*	百 かける 十 は 千 です。 *One hundred times ten is a thousand. Cien por diez es mil.*
		さんぜん 三千 *three thousand tres mil*	それは 三千円 です。 *That is 3000 yen. Eso son 3000 yenes.*
15	年	～ねん ～年 *three tres*	2023年 *the year 2023 el año 2023*
		とし 年 *year(s); age año(s); edad*	とうひょう して いい 年は なんオ ですか。 *At what age is one allowed to vote? ¿A qué edad se puede votar?*
16	万	いちまん 一万 *ten-thousand diez mil*	これは 一万円 です。 *This is 10,000 yen. Son 10.000 yenes.*
17	人	ひと 人 *person persona*	たなか さんは やさしい 人 です。 *Mr. Tanaka is a nice person. El señor Tanaka es una buena persona.*
		～じん ～人 *person of nationality ~ persona de nacionalidad ~*	わたしは スペイン人 です。 *I am Spanish. Yo soy español(a).*
		～にん ～人 *~ number of people ~ numero de personas*	七人 います。 *There are seven people. Hay siete personas.*

れんしゅう A　かんじで かいて ください。　例えば：　¥300 → 三百円

1

3

2

　かんじの　よみかたを　ひらがなで　かいて　ください。

1　カナダ人

2　三人

3　六万円

4　千二百

5　イギリス人

6　一万九千三百五十八人

　＿＿＿の　ことばは　どう　かきますか。　1・2・3・4から　いちばん　いい　ものを　ひとつ　えらんで　ください。

1　メキシコじん　ですか。

　　1　人　　　　　2　入　　　　　3　八　　　　　4　千

2　せんえんを　おねがい　します。

　　1　中　　　　　2　月　　　　　3　用　　　　　4　円

3　2018ねんに　そつぎょう　しました。

　　1　半　　　　　2　牛　　　　　3　年　　　　　4　干

4　ひとが　おおい　ですね。

　　1　七　　　　　2　一　　　　　3　人　　　　　4　九

　＿＿＿の　ことばは　ひらがなで　どう　かきますか。　1・2・3・4から　いちばん　いい　ものを　ひとつ　えらんで　ください。

1　千人が　きました。

　　1　ぜんびと　　　2　せんにん　　　3　せんじん　　　4　さんひと

2　びょういんは　けが　した　人が　いく　ところです。

　　1　びと　　　　　2　じん　　　　　3　にん　　　　　4　ひと

3　せんせいは　インド人です。

　　1　ひと　　　　　2　にん　　　　　3　じん　　　　　4　さん

4 今月日週先末

18	今	今(いま) now　ahora	今(いま)、ニューヨーク は　あさ　5じ　です よ。 *It is 5 in the morning in New York now.　Ahora son las cinco de la mañana en Nueva York.*
		今年(ことし) this year　este año	今年(ことし) は　なん年(ねん)　です か。 *What year is it?　¿Que año es?*
19	月	月(つき) moon; month　luna; mes	月(つき) が　きれい　です ね。 *The moon is pretty, isn't it?　La luna es hermosa, ¿no?*
		今月(こんげつ) this month　este mes	今月(こんげつ)、わたし は　とても　いそがしい　です。 *I am very busy this month.　Estoy muy ocupado este mes.*
20	日	今日(きょう) today　hoy ～日(にち・か) the ~th day　el ~ día	今日(きょう) は　22日(にち)　です。 *Today is the 22nd.　Hoy es 22.*
21	週	今週(こんしゅう) this week　esta semana	今週(こんしゅう) は　ちょっと… *This week is a little difficult.　Esta semana es un poco dificil.*
22	先	先月(せんげつ) last month　el mes pasado	わたし の　たんじょうび は　先月(せんげつ)　でした。 *My birthday was last month.　Mi cumpleaños fue el mes pasado.*
		先週(せんしゅう) last week　la semana pasada	先週(せんしゅう)、ありがとうございます。 *Thank you for last week.　Gracias por (ayudarme) la semana pasada.*
		先(さき) ahead　adelante	先(さき) に　いっても　いい　です か。 *May I go on ahead?　¿Puedo seguir adelante?*
23	末	週末(しゅうまつ) weekend　fin de semana	週末(しゅうまつ)、あそび に　きません か。 *Do you want to come over and hang out on the weekend?* *¿Quieres venir y pasar el fin de semana?*
		月末(げつまつ) the end of the month el final del mes	月末(げつまつ) に　とうきょう に　いきます。 *At the end of the month, I will go to Tokyo.　A fin de mes iré a Tokio.*

れんしゅう A　かんじ で　かいて　ください。

1　こん しゅう ［　］［　］ の しゅう まつ ［　］［　］

2　せん げつ ［　］［　］ の げつ まつ ［　］［　］

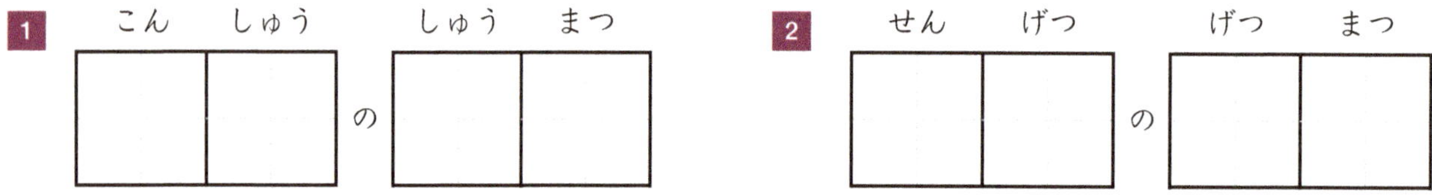

れんしゅう B　なん日（にち） ですか。かんじで かいて ください。

1

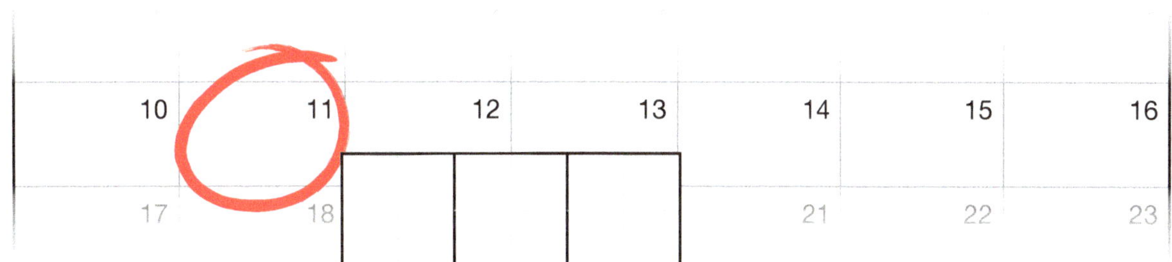

2

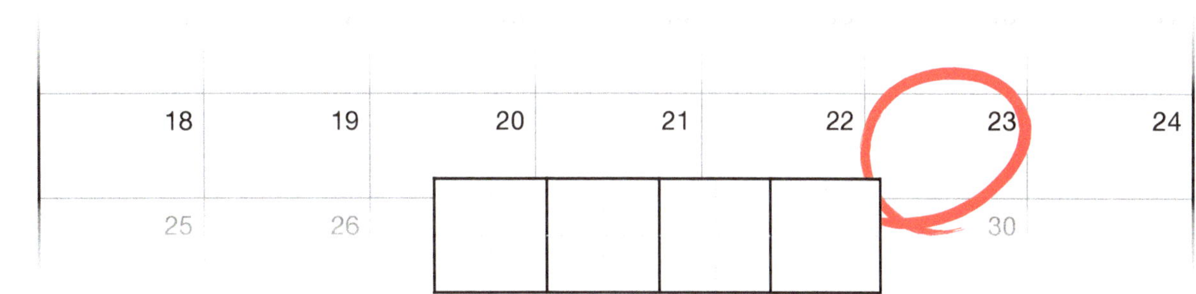

れんしゅう C　＿＿＿の ことばは どう かきますか。 1・2・3・4から いちばん いい ものを ひとつ えらんで ください。

1　<u>こんしゅう</u>、パーティーに いきませんか。

１　今週　　　　　２　今周　　　　　３　琴週　　　　　４　琴周

2　ええ、<u>げつまつ</u>は だいじょうぶ ですよ。

１　千未　　　　　２　明未　　　　　３　月末　　　　　４　日未

3　<u>おさき</u>に どうぞ。

１　牛　　　　　２　元　　　　　３　先　　　　　４　赤

れんしゅう D　＿＿＿の ことばは ひらがなで どう かきますか。 1・2・3・4から いちばん いい ものを ひとつ えらんで ください。

1　<u>今</u>、わたしは ちょっと いそがしい ですよ。

１　こん　　　　　２　いま　　　　　３　さあ　　　　　４　おか

2　31<u>日</u>に きむらさんが きます。

１　ひ　　　　　２　にち　　　　　３　か　　　　　４　が

3　<u>週末</u>、わたしは だいたい ひま です。

１　げつまつ　　　　　２　しゅうまつ　　　　　３　しゅみ　　　　　４　しゅすえ

24	時	とき 時 tlme　tiempo	ねる 時に くつしたを はずします。 When I sleep, I take off my socks.　Cuando duermo, me quito los calcetines.
		～時 ~'o clock　son las ~	いま じ 今、4時 ですよ。 It is 4 o'clock now.　Son las 4 en punto ahora.
25	半	なか 半ば halfway, middle　medio	こんげつ なか 今月の 半ばまでに きて ください。 Please come by the middle of this month.　Por favor venga a mediados de este mes.
		じ はん ～時半 ~:30	じ はん ミーティングは 7時半 です。 The meeting is at 7:30.　La reunión es a las 7:30.
26	分	ふん ～分 ~minutes　~minutos	じ ふん 2時 45分 2:45
		はんぶん 半分 half　medio	はんぶん わ 半分 分かりました。 I understood half of it. Entendí la mitad.
		わ 分かります to understand　comprender	
27	々	ときどき 時々 sometimes　a veces	ときどき 時々、セールが あります。 Sometimes there is a sale.　A veces hay una venta.
		ひとびと 人々 people　gente	ひとびと おおさかの 人々は おもしろい です。 People from Osaka are funny.　La gente de Osaka es divertida.
28	生	せんせい 先生 teacher　maestro	せんせい ひと たなか先生は やさしい 人 です。 Mr. Tanaka is a kind person.　El señor Tanaka es una persona amable.
		う 生まれます five things　cinco cosas	う ブラジルに 生まれました。 I was born in Brazil.　Yo nací en brasil.
29	私	わたし 私 I, me　yo	わたし 私の なまえは ジョン です。 My name is John.　Mi nombre es John.

れんしゅう A　かんじで かいて ください。

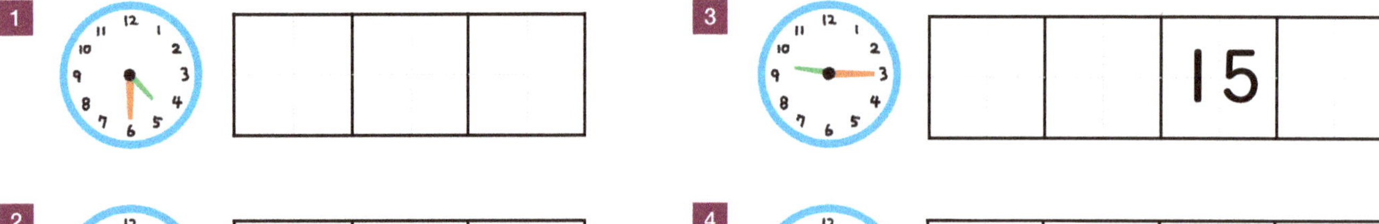

1			

3		15	

2			

4		45	

 人と その 人の くにを せんで つないで ください。

れんしゅう C ＿＿＿＿の ことばは どう かきますか。 1・2・3・4から いちばん いい ものを ひとつ
えらんで ください。

1 わたしは アイスが すき です。

　　1 台　　　　　　2 稼　　　　　　3 私　　　　　　4 神

2 ときどき サーモンを たべます。

　　1 待マ　　　　　2 時々　　　　　3 待々　　　　　4 時マ

3 5じ45ふん です。

　　1 万　　　　　　2 中　　　　　　3 分　　　　　　4 半

れんしゅう D ＿＿＿＿の ことばは ひらがなで どう かきますか。 1・2・3・4から いちばん いい
ものを ひとつ えらんで ください。

1 にほんごが 分かりますか。

　　1 はかります　　　2 ねかります　　　3 ふかります　　　4 わかります

2 あの かたは 先生 です。

　　1 さきせん　　　2 きょうじゅ　　　3 せんせい　　　4 がくせい

30　学

学生（がくせい）
student　estudiante
学生の 時に つまに であいました。
I met my wife when I was a student.　Conocí a mi esposa cuando era estudiante.

学（まな）びます
to study　aprender
だいがくで すうがくを 学びました。
I studied mathematics at university.　Estudié matemáticas en la universidad.

31　言

言（い）います
to say　decir
おおきい こえで 言いました。
I said it in a loud voice.　Lo dije en voz alta.

32　語

～語（ご）
the language of ~
el idioma de ~
ちゅうごく語は むずかしい 言語（げんご） だと おもいます。
I think Chinese is a difficult language.
Creo que el chino es un idioma difícil.

言語（げんご）
language　idioma

33　来

来（き）ます
to come　venir
来週（らいしゅう）の きんようびに なん時（じ）に 来（き）ますか。
Next week, Friday, what time will you come?
¿A qué hora vendrás el próximo viernes?

来週（らいしゅう）
next week
la próxima semana

来月（らいげつ）
next month　próximo mes
けっこんしきは 来月（らいげつ） です。
The wedding is next month.　La boda es el mes que viene.

来年（らいねん）
next year　el próximo año
来年、カナダに いって みたい です。
I want to try going to Canada next year.　Me gustaría ir a Canadá el año que viene.

34　何

何（なに・なん）
what　qué
それは 何（なん）ですか。
What is that?　¿Qué es eso?

何語（なにご）
what language　que lenguaje
何語（なにご）が できますか。
What languages can you speak?　¿Que idiomas puedes hablar?

何時（なんじ）
what time　a qué hora
その イベントは 何時（なんじ）に はじまりますか。
What time does that event start?　¿A qué hora comienza ese evento?

何月（なんがつ）
what month　qué mes
何月（なんがつ）に 生（う）まれましたか。
In what month were you born?　¿En qué mes naciste?

何日（なんにち）
what day　qué día
今週（こんしゅう）の もくようびは 何日（なんにち） ですか。
What day is this Thursday?　¿Qué día es el jueves esta semana?

何年（なんねん）
what year　qué año
この がっこうは 何年（なんねん）に たてられました か。
What year was this school established?　¿En qué año se construyó esta escuela?

　かんじと　あっている　パーツを　せんで　つないで　ください。

学　　語　　何　　週

ツ　　吾　　子　　言　　周　　一　　之　　可　　イ

　＿＿＿＿の　ことばは　どう　かきますか。　1・2・3・4から　いちばん　いい　ものを　ひとつ
えらんで　ください。

1　チューターと　なにを　まなびましたか。

　1　蛍　　　　　　　2　学　　　　　　　3　子　　　　　　　4　了

2　「だめだ」と　いいました。

　1　言いました　　　2　玄いました　　　3　今いました　　　4　半いました

3　らいしゅうは　いそがしい　ですか。

　1　未商　　　　　　2　木浦　　　　　　3　次周　　　　　　4　来週

　＿＿＿＿の　ことばは　ひらがなで　どう　かきますか。　1・2・3・4から　いちばん　いい
ものを　ひとつ　えらんで　ください。

1　スペイン語が　ちょっと　できます。

　1　ゆ　　　　　　　2　いう　　　　　　3　し　　　　　　　4　ご

2　おなまえは　何　ですか。

　1　なん　　　　　　2　なに　　　　　　3　いか　　　　　　4　か

3　しゅくだいが　おわったら、　リビングに　来てください。

　1　くって　　　　　2　こて　　　　　　3　きて　　　　　　4　いって

＿＿＿の　ことばは　どう　かきますか。　１・２・３・４から　いちばん　いい　ものを　ひとつ
えらんで　ください。

1　ここに　たくさんの　<u>ひとびと</u>が　きます。

　　１　人々　　　　　　　２　々人　　　　　　　３　入々　　　　　　　４　々入

2　わたしの　おじいさんは　<u>ひゃく</u>さい　です。

　　１　千オ　　　　　　　２　白オ　　　　　　　３　百オ　　　　　　　４　日丁

3　フランス<u>ご</u>が　できますか。

　　１　語　　　　　　　　２　話　　　　　　　　３　言　　　　　　　　４　吾

4　そのぶんの　いみが　<u>わ</u>かりますか。

　　１　刃　　　　　　　　２　分　　　　　　　　３　力　　　　　　　　４　八

5　その　おかしは　50<u>えん</u>　です。

　　１　年　　　　　　　　２　向　　　　　　　　３　門　　　　　　　　４　円

6　<u>なんじ</u>に　つきますか。

　　１　何時　　　　　　　２　可寺　　　　　　　３　何待　　　　　　　４　可持

7　<u>せんにん</u>が　あつまりました。

　　１　百人　　　　　　　２　千人　　　　　　　３　百入　　　　　　　４　千入

8　とけいが　<u>ふたつ</u>　あります。

　　１　六つ　　　　　　　２　一つ　　　　　　　３　三つ　　　　　　　４　二つ

9　その　カバンは　<u>いちまん</u>えん　です。

　　１　七分　　　　　　　２　十々　　　　　　　３　一万　　　　　　　４　乙九

10　よるに　なったら、　かのじょと　いっしょに　<u>つき</u>を　みました。

　　１　週　　　　　　　　２　肉　　　　　　　　３　月　　　　　　　　４　日

_____の ことばは ひらがなで どう かきますか。　１・２・３・４から いちばん いい ものを ひとつ えらんで ください。

1　あの ひとは メキシコ<u>人</u> ですか。

　　１　びと　　　　　２　ひと　　　　　３　にん　　　　　４　じん

2　おかあさんは けいたいでんわを <u>八つ</u> もっています。

　　１　よっつ　　　　２　はつ　　　　　３　はちつ　　　　４　やっつ

3　<u>今月</u>、 わたしは とても ひま です。

　　１　このがつ　　　２　こんげつ　　　３　こんがつ　　　４　こんつき

4　それは えいごで なんと <u>言います</u>か。

　　１　まいます　　　２　いいます　　　３　すいます　　　４　おいます

5　コンサートは <u>6時</u> ですよ。

　　１　どき　　　　　２　とき　　　　　３　し　　　　　　４　じ

6　<u>私</u>の ペットの なまえは タマ です。

　　１　わたし　　　　２　わした　　　　３　はした　　　　４　ねたし

7　<u>来年</u>、 あねは 21さいに なります。

　　１　らいねん　　　２　こねん　　　　３　らいとし　　　４　ことし

8　6がつの <u>半ば</u>に イベントが あります。

　　１　かば　　　　　２　なかば　　　　３　はんば　　　　４　じば

9　パーティーは らいしゅうの <u>週末</u> です。

　　１　しゅい　　　　２　しゅうまつ　　３　しゅうい　　　４　しゅまつ

10　いちろうくんは <u>六才</u> です。

　　１　さっしゅう　　２　ろおん　　　　３　ごそう　　　　４　ろくさい

いちにちめ 1日目	ふつかめ 2日目	みっかめ 3日目	よっかめ 4日目	いつかめ 5日目	むいかめ 6日目
間火水金土木	川石山花曜	林森風元気天	電国毎明昨去	上下中外右左	雨北南東西方

なのかめ
7日目　だいにしゅう　しょう　第2週　小テスト

35	間	～間 *interval of ~ intervalo de ~*	２週間で その ほんを ぜんぶ よみました。 *I read the entire book in two weeks. Leí el libro completo en dos semanas.*
		～の間 *between ~ entre ~*	ボールが ねこと いぬの 間 です。 *The ball is between the car and the dog. La pelota está entre el gato y el perro.*
36	火	火 *fire fuego*	火が もう きえました。 *The fire already went out. El fuego ya está apagado.*
37	水	水 *water agua*	水を のみますか。 *Will you drink water? ¿Tú bebes agua?*
38	金	お金 *money dinero*	お金が ありません… *I don't have any money… No tengo dinero…*
39	土	土 *soil, dirt suelo, tierra*	土に うめた ほうが いい です。 *It's better to bury it in the dirt. Es mejor enterrarlo en el suelo.*
40	木	木 *tree árbol*	それは たかい 木 です ね。 *That sure is a tall tree. Ese es un árbol alto.*

れんしゅう A かんじで かいて ください。

1
　□　□　□
木 と 木 の 間 に

3
　□
水 を ください

2
　□
三 週 間

4
　□
火 を けします

れんしゅう C　＿＿＿＿の ことば は どう かきますか。 1・2・3・4 から いちばん いい もの を ひとつ
えらんで ください。

1　き を きって、 かみ を つくります。
　1 木　　　　2 本　　　　3 丁　　　　4 水

2　まいにち、みず を のんで います。
　1 永　　　　2 泳　　　　3 氷　　　　4 水

3　はこ と たな の あいだ に とけい が あります。
　1 間　　　　2 聞　　　　3 問　　　　4 開

4　つち の におい が しますね。
　1 地　　　　2 十　　　　3 土　　　　4 土

れんしゅう D　＿＿＿＿の ことば は ひらがな で どう かきますか。 1・2・3・4 から いちばん いい
もの を ひとつ えらんで ください。

1　にほんで 1ねん間 りゅうがく しました。
　1 あいだ　　　　2 かん　　　　3 ま　　　　4 さき

2　お金 が ほしい です。
　1 みず　　　　2 ぎん　　　　3 きん　　　　4 かね

3　この 火 が あたたかい ですね。
　1 ひ　　　　2 か　　　　3 にち　　　　4 ほ

41	川	かわ 川 *river río*	この　川を　わたりますか。 *Will you cross this river? ¿Te gustaría cruzar este río?*
42	石	いし 石 *rock, stone piedra*	石を　なげては　いけません。 *You mustn't throw rocks. No arrojes piedras.*
43	山	やま 山 *mountain montaña*	山に　のぼる　ことが　すき　ですか。 *Do you like climbing mountains? ¿Te gusta escalar montañas?*
		さん ～山 *Mt. ~ monte ~*	さん ふじ山 *Mt. Fuji Monte Fuji*
		かざん 火山 *volcano volcán*	にほんに　火山が　いくつか　あります。 *There are several volcanos in Japan. Hay varios volcanes en Japón.*
44	花	はな 花 *flower flor*	あおい　花が　いちばん　すき　です。 *I like blue flowers the most. Me gustan más las flores azules.*
		はなび 花火 *fireworks fuegos artificiales*	花火の　おとが　こわい　です。 *The sound of fireworks is scary. El sonido de los fuegos artificiales da miedo.*
45	曜	ようび ～曜日 *day of the week* *día de la semana*	にちようび　げつようび　かようび　すいようび　もくようび　きんようび　どようび 日曜日、月曜日、火曜日、水曜日、木曜日、金曜日、土曜日 *Sunday, Monday, Tuesday, Wednesday, Thursday, Friday, Saturday* *Domingo, Lunes, Martes, Miércoles, Jueves, Viernes, Sábado* なんようび 何曜日 *what day of the week que día de la semana*

れんしゅう A　かんじで　かいて　ください。

れんしゅう B　かんじと あっている えに せんで つないで ください。

川　・

花　・

山　・

石　・

れんしゅう C　＿＿＿の ことばは どう かきますか。　１・２・３・４から いちばん いい ものを ひとつ えらんで ください。

1　とても うつくしい かわ ですね。

　　１　州　　　　２　川　　　　３　洲　　　　４　廿

2　きょうは なんようび ですか。

　　１　何躍日　　２　可曜日　　３　可躍日　　４　何曜日

3　この みちに いしが あまり ありませんね。

　　１　ロ　　　　２　岩　　　　３　石　　　　４　右

れんしゅう D　＿＿＿の ことばは ひらがなで どう かきますか。　１・２・３・４から いちばん いい ものを ひとつ えらんで ください。

1　あした、火山を みに いきます。

　　１　かざん　　２　はなび　　３　ひやま　　４　かあさん

2　テストは 金曜日 ですよ。

　　１　きんようび　　２　かねよび　　３　きんそうび　　４　きんよび

3　花が すき ですか。

　　１　はな　　　　２　か　　　　３　かあ　　　　４　こな

46	林	はやし 林 woods, grove bosque	がっこうの ちかくに おおきい 林が あります。 There is a large grove near the school. Hay un gran bosque cerca de la escuela.
		はやし 林さん Mr(s). Hayashi Sr(a). Hayashi	林さんの いぬは かわいい です ね。 Mr. Hayashi's dog is cute, isn't it? El perro de Hayashi es lindo.
47	森	もり 森 forest forestal, bosque	森で あそぶ ことは あぶない です。 Playing in the forest is dangerous. Jugar en el bosque es peligroso.
		しんりん 森林 forest forestal, bosque	アメリカの 森林に しかが たくさん います。 There are lots of deer in American forests. Hay muchos ciervos en los bosques americanos.
48	風	かぜ 風 wind viento	風が つよい です ね。 Wow, the wind is strong. El viento es fuerte, ¿no?
		ふう 風 style estilo	ロシア風の たべかた a Russian style of eating un estilo de comer ruso
49	元	もともと 元々 originally originalmente	元々 どこの しゅっしん です か。 Where are you originally from? ¿De dónde eres originalmente?
		もと 元〜 ex ~	元かれから でんわが きました。 I got a phone call from my ex-boyfriend. Recibí una llamada telefónica de mi exnovio.
50	気	げんき 元気(な) lively, energetic enérgico	元気な こども です ね。 What an energetic child. Que niño enérgico.
		き 気をつけます to be careful ser cuidadoso	あめが ふって います。 気を つけて ください。 It's raining. Please be careful. Está lloviendo. Por favor tenga cuidado.
51	天	てんき 天気 weather clima	天気が とつぜん わるく なりました。 The weather suddenly became bad. De repente el tiempo empeoró.
		てん 天ぷら tempura	天ぷらが すき です か。 Do you like tempura? ¿Te gusta el tempura?

れんしゅう A かんじで かいて ください。

1 二 + 儿 = ☐

2 林 + 木 = ☐

3 一 + 大 = ☐

4 八 + ノ + 虫 = ☐

　どの　かんじが　ただしい　ですか。　ただしい　かんじを　○で　えらんで　ください。

1　てん気　天 vs 夭

3　はやし　材 vs 林

2　かぜ　凩 vs 風

4　きを　つけます　気 vs 氣

れんしゅう C　＿＿＿＿の　ことばは　どう　かきますか。　1・2・3・4から　いちばん　いい　ものを　ひとつ
えらんで　ください。

1　おげんき　ですか。
　　1　汽元　　　　　　2　元汽　　　　　　3　元気　　　　　　4　気元

2　いい　てんき　ですね。
　　1　天気　　　　　　2　大分　　　　　　3　気分　　　　　　4　点切

3　こんな　ふうに　して　ください。
　　1　蛍　　　　　　　2　虫　　　　　　　3　鼠　　　　　　　4　風

4　もりを　さんぽ　しましょうか。
　　1　木　　　　　　　2　森　　　　　　　3　林　　　　　　　4　本

れんしゅう D　＿＿＿＿の　ことばは　ひらがなで　どう　かきますか。　1・2・3・4から　いちばん　いい
ものを　ひとつ　えらんで　ください。

1　だいがくの　せんこうは　森林がく　でした。
　　1　もりはやし　　　2　しんもく　　　　3　りんさ　　　　　4　しんりん

2　きょう、　風が　そんなに　つよくない　ですね。
　　1　ふう　　　　　　2　かぜ　　　　　　3　すう　　　　　　4　げん

3　元々　アメリカじん　でした。
　　1　どうどう　　　　2　げんげん　　　　3　もともと　　　　4　またまた

4　その　みちが　あぶない　ですよ。　気を　つけて　ください。
　　1　り　　　　　　　2　ご　　　　　　　3　すし　　　　　　4　き

52 電	電気 electricity; lights electricidad; luces	電気を けして ください。 *Please turn off the lights. Por favor apaga las luces.*
53 国	国 country país	ちゅうごくは おおきい 国 です。 *China is a large country. China es un país grande.*
	国語 national language idioma nacional	にほん人は がっこうで 国語を べんきょう します。 *Japanese people study their national language at school.* *Los japoneses estudian su idioma nacional en la escuela.*
54 毎	毎日 every day cada día	毎日 にほんごを べんきょう します。 *I study Japanese every day. Yo estudio japonés todos los días.*
	毎週 every week cada semana	毎週、 日曜日に きょうかいに いきます。 *I go to church every week on Sunday. Voy a la iglesia todas las semanas los domingos.*
	毎月 every month cada mes	毎月、 レポートを かきます。 *I write a report every month. Escribo un informe todos los meses.*
	毎年 every year cada año	毎年、 国の イベントが あります。 *Every year there is a national event. Cada año hay un evento nacional.*
55 明	明日 tomorrow mañana	明日は あめだ そうです。 *It will apparently rain tomorrow. Al parecer mañana lloverá.*
	明るい bright brillante	この へやは 明るい ですね。 *This room is bright, isn't it? Esta habitación es luminosa, ¿no?*
56 昨	昨日 yesterday ayer	昨日の レッスンは たのしかった です。 *Yesterday's lesson was fun. La lección de ayer fue divertida.*
57 去	去年 last year el año pasado	去年、 私は そつぎょう しました。 *I graduated last year. Me gradué el año pasado.*

れんしゅう A かんじで かいて ください。

1

まい にち ＿＿＿＿、 こく ご ＿＿＿＿を べんきょう します。

2

でん き ＿＿＿＿を つけて、 あか ＿＿るく しましょう。

 パターンを みつけて、 いちばん あっている ことばを かんじで かいて ください。

1 先週 ｜ ｜ ｜ 来週 ｜ ｜

2 ｜ ｜ 今日 ｜ ｜ 毎日

3 ｜ ｜ ｜ 来月 ｜ ｜

3 ｜ ｜ 今年 ｜ ｜ ｜

 ＿＿＿の ことばは どう かきますか。 1・2・3・4から いちばん いい ものを ひとつ えらんで ください。

1 こめを たべる くにが おおい ですか。

　　1 玉　　　　　　2 語　　　　　　3 宝　　　　　　4 国

2 まいしゅう、 セールが あります。

　　1 母調　　　　　2 毎調　　　　　3 母週　　　　　4 毎週

3 きのうの しけんは とても むずかしかった です。

　　1 昨日　　　　　2 作月　　　　　3 昨明　　　　　4 作月

 ＿＿＿の ことばは ひらがなで どう かきますか。 1・2・3・4から いちばん いい ものを ひとつ えらんで ください。

1 去年の 6がつに わたしは 30さいに なりました。

　　1 せんねん　　　2 きょねん　　　3 さんぜん　　　4 きょうねん

2 明るい いえに すみたい です。

　　1 えるい　　　　2 あかるい　　　3 おくるい　　　4 うそるい

2 電気を けすのを わすれないで ください。

　　1 あご　　　　　2 とんぼ　　　　3 たんぎ　　　　4 でんき

58	上	うえ 上 *up, above, on arriba, sobre*	つくえの 上に ホチキスが あります。 *There is a stapler on the desk. Hay una grapadora sobre el escritorio.*
		のぼ 上ります *to go up trepar, subir*	かいだんを 上ります *to go up the stairs subir las escaleras*
59	下	した 下 *down, under, below bajo*	ソファの 下に ねこが います。 *2 is after 1. 2 está después de 1.*
		さ 下がります *to go down bajar*	ことし　わたし 今年、 私の せいせきが 下がりました。 *This year my grades went down. Este año mis notas bajaron.*
		くだ 下ります *to descend descender*	エスカレーターを 下ります *to descend the escalator baja la escalera mecánica*
60	中	なか 中 *in(side) dentro, en*	にんぎょうは はこの 中に おねがい します。 *Please put the doll in the box. Por favor, pon la muñeca en la caja.*
		ちゅうごく 中国 *China*	中国って どのぐらい おおきい ですか。 *Just how big is China? ¿Qué tan grande es China?*
		ちゅうがくせい 中学生 *middle school student estudiantes de secundaria*	わたし 私の おとうとは 中学生 です。 *My younger brother is a middle school student. Mi hermano menor es un estudiante de secundaria.*
61	外	そと 外 *outside fuera*	そと　てんき 外の 天気は とても わるい です。 *The weather outside is very bad. El clima afuera es muy malo.*
		がいこくじん 外国人 *foreigner extranjero*	がいこくじん ここに 外国人が おおい ですよ。 *There are many foreigners here. Hay muchos extranjeros aquí.*
62	右	みぎ 右 *right derecho*	ねこの 右に いぬが います。 *The dog is to the right of the cat. Hay un perro a la derecha del gato.*
63	左	ひだり 左 *left izquierda*	みぎ　ひだり 右から 左へ *from right to left de derecha a izquierda*
		さゆう 左右 *right and left; both ways izquierda y derecho, acerca de*	さゆう 左右を みて ください。 *Please look both ways. Mira a izquierda y derecha.*

れんしゅう A　はんたいの ことばを かんじで かいて ください。

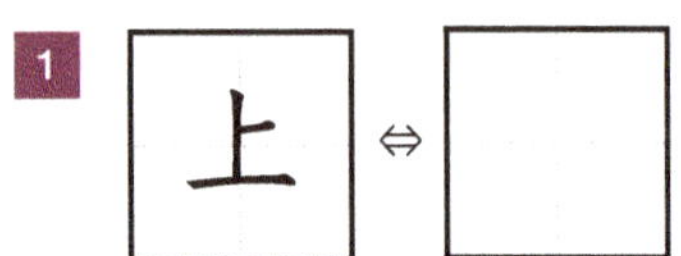

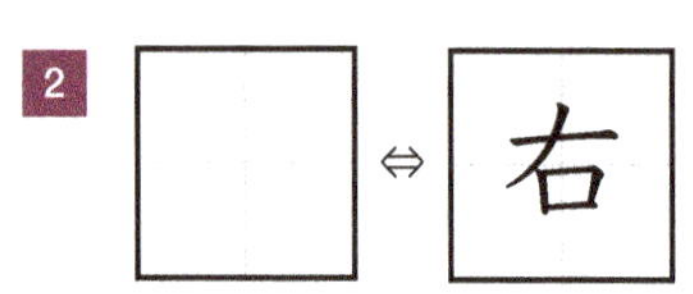

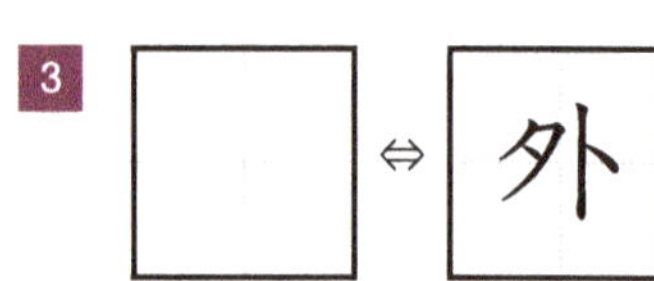

　えに　あっている　ぶんを　つくって　ください。

1

いぬは　はこの　□　に　います。

2

ハムスター は　テーブル の　□　に　います。

3

おとこのこ は　おんなのこ の　□　に　います。

　＿＿＿の　ことばは　どう　かきますか。　1・2・3・4から　いちばん　いい　ものを　ひとつ　えらんで　ください。

1　きの　したで　くまが　ねました。

1　下　　　　　　2　不　　　　　　3　上　　　　　　4　土

2　まどの　そとを　みて　みました。

1　中　　　　　　2　占　　　　　　3　朴　　　　　　4　外

3　みぎに　いって　ください。

1　右　　　　　　2　左　　　　　　3　佐　　　　　　4　石

　＿＿＿の　ことばは　ひらがなで　どう　かきますか。　1・2・3・4から　いちばん　いい　ものを　ひとつ　えらんで　ください。

1　あの　こどもは　中学生　です。

1　ちゅうごくせい　　2　ちゅうがくせい　　3　こうこうせい　　4　しょうがくせい

2　さかなが　かわを　上りました。

1　いえり　　　　　2　のぼり　　　　　3　えうり　　　　　4　さがり

3　ケーキは　くるまの　中　です。

1　かち　　　　　　2　そと　　　　　　3　なか　　　　　　4　ちゅう

64	雨	雨 (あめ) rain　lluvia	昨日、雨が ふりました。 Yesterday, it rained.　Ayer llovió.
65	北	北 (きた) north　norte	北の 国は さむい です。 Northern countries are cold.　Los países del norte son fríos.
		北アメリカ (きた) North America América del norte	北アメリカに いった ことが ありますか。 Have you ever been to North America?　¿Has estado alguna vez en América del Norte?
66	南	南 (みなみ) south　sur	南へ たび します。 I will travel down south.　Viaja hacia el sur.
		南アフリカ (みなみ) South Africa　Sudáfrica	南アフリカは じゆうな 国 です。 South Africa is a free country.　Sudáfrica es un país libre.
67	東	東 (ひがし) east　este	この でんしゃは 東へ はしります。 This train runs east.　Este tren va hacia el este.
		中東 (ちゅうとう) Middle East　Oriente Medio	ヨルダンは 中東の 国 です。 Jordan is a Middle Eastern country.　Jordania es un país del Medio Oriente.
68	西	西 (にし) west　oeste	東の はんたいは 西 です。 The opposite of east is west.　Lo opuesto al este es el oeste.
69	方	～の方 (ほう) in the direction of ~ en la dirección de ~	そっちの 方に いくと コンビニが みつかります。 If you go in that direction, you can find a convenience store. Si vas en esa dirección, puedes encontrar una tienda de conveniencia.
		方 (かた) person (respectful) persona (respetuoso)	たなか先生は どんな 方 ですか。 What kind of person is Tanaka-sensei?　¿Qué clase de persona es el Sr. Tanaka?
		～方 (かた) way of doing ~ forma de ~	そんな たべ方は きたない です。 That way of eating is dirty.　Esa forma de comer es sucia.

れんしゅう A　かんじで かいて ください。

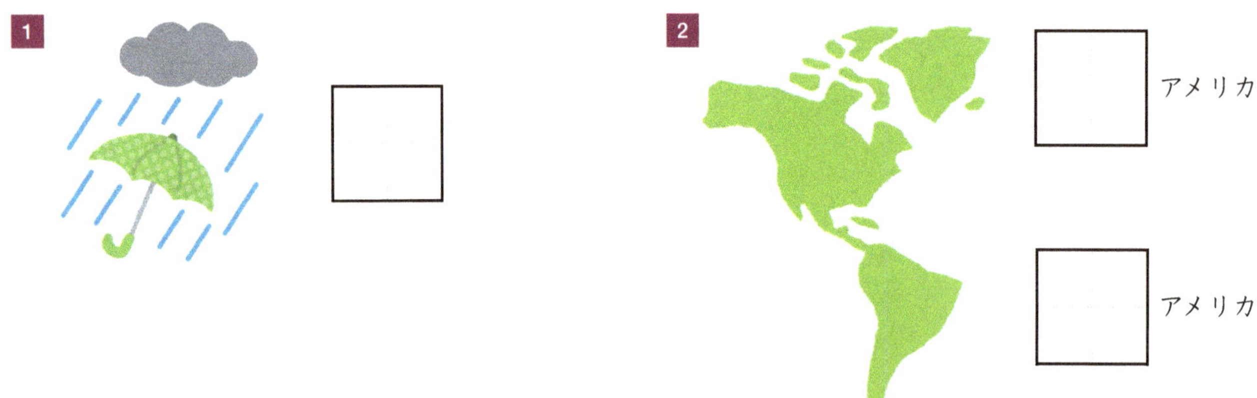

1　□

2　□ アメリカ

□ アメリカ

 かんじで かいて ください。

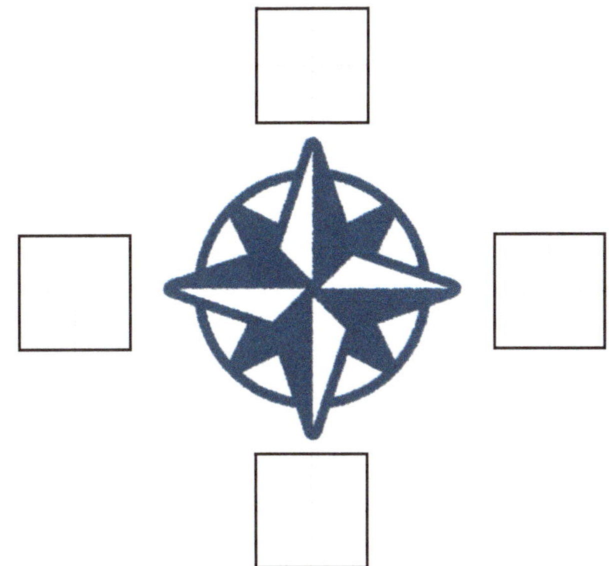

 _____の ことばは どう かきますか。 1・2・3・4から いちばん いい ものを ひとつ えらんで ください。

1 かのじょの うたい<u>かた</u>が すき です。

　　１ 南　　　　　　２ 族　　　　　　３ 方　　　　　　４ 歌

2 カナダは <u>きた</u>アメリカの くに です。

　　１ 乗　　　　　　２ 東　　　　　　３ 北　　　　　　４ 比

3 さいきん、<u>あめ</u>が よく ふりますね。

　　１ 雨　　　　　　２ 雷　　　　　　３ 電　　　　　　４ 皿

 _____の ことばは ひらがなで どう かきますか。 1・2・3・4から いちばん いい ものを ひとつ えらんで ください。

1 チョコレートの <u>方</u>が すき です。

　　１ ちょう　　　　２ き　　　　　　３ かた　　　　　４ ほう

2 いつか <u>中東</u>に いって みたい です。

　　１ ちゅうとう　　２ なかひがし　　３ なんせい　　　４ なんせ

3 <u>南</u>アフリカに すむ ともだちが います。

　　１ みなみ　　　　２ にまに　　　　３ にまみ　　　　４ まなみ

＿＿＿の　ことばは　どう　かきますか。　1・2・3・4から　いちばん　いい　ものを　ひとつ
えらんで　ください。

1　やきゅうの　しあいは　にちようび　です。

|　1　月曜日 | 2　日曜日 | 3　木曜日 | 4　火曜日 |

2　まいしゅう、　おなじ　じゅぎょうが　あります。

|　1　毎周 | 2　梅週 | 3　梅周 | 4　毎週 |

3　いえの　なかに　いぬが　います。

|　1　仲 | 2　串 | 3　沖 | 4　中 |

4　きれいな　はな　ですね。

|　1　化 | 2　花 | 3　外 | 4　死 |

5　あの　もりに　きが　たくさん　あります。

|　1　人 | 2　林 | 3　本 | 4　森 |

6　かんこくの　かたが　きました。

|　1　方 | 2　人 | 3　肩 | 4　西 |

7　コンサートは　なんようび　ですか。

|　1　可躍日 | 2　何躍日 | 3　何曜日 | 4　可曜日 |

8　とつぜん　でんきが　きえました。

|　1　電気 | 2　雷汽 | 3　雪空 | 4　雨天 |

9　たなと　いすの　あいだに　ランプが　あります。

|　1　間 | 2　聞 | 3　問 | 4　門 |

10　もとディレクターが　やめました。

|　1　中 | 2　三 | 3　下 | 4　元 |

_____の ことばは ひらがなで どう かきますか。　1・2・3・4から いちばん いい ものを
ひとつ えらんで ください。

1　ベッドの 上で ねこが ねて います。

　　1　そと　　　　　　　2　なか　　　　　　　3　した　　　　　　　4　うえ

2　キャンプの 火が きえました。

　　1　は　　　　　　　　2　か　　　　　　　　3　ひ　　　　　　　　4　き

3　南の ビーチが とても きれい ですよ。

　　1　みなみ　　　　　　2　きた　　　　　　　3　にし　　　　　　　4　ひがし

4　あなたの 国の げんごは なん ですか。

　　1　にし　　　　　　　2　ぎょう　　　　　　3　こく　　　　　　　4　くに

5　あした、 気を つけて ください。

　　1　き　　　　　　　　2　け　　　　　　　　3　さ　　　　　　　　4　じ

6　ここに 火山が ありました。

　　1　ひさん　　　　　　2　こおり　　　　　　3　かざん　　　　　　4　けさん

7　ねつが 下がりました。

　　1　ま　　　　　　　　2　さ　　　　　　　　3　した　　　　　　　4　あ

8　風が つよい ですね。

　　1　くう　　　　　　　2　ひ　　　　　　　　3　ふう　　　　　　　4　かぜ

9　あの ひとは 外国人 ですよ。

　　1　そとくにん　　　　2　がいこくじん　　　3　そとこくにん　　　4　がいくにびと

10　きのうの ばんごはんは 天ぷら でした。

　　1　まぷら　　　　　　2　てぷら　　　　　　3　てんぷら　　　　　4　あぷら

いちにち め 1日目	ふつか め 2日目	みっか め 3日目	よっか め 4日目	いつか め 5日目	むいか め 6日目
車 行 休 聞 食 飲	書 話 入 出 見 読	後 前 午 名 本 屋	子 女 男 母 父 友	高 校 長 大 小 広	好 色 白 黒 青 赤

なのか め
7日目

だいさんしゅう　しょう
第3週　小テスト

70	車	車 (くるま) car　carro, coche, auto	車 に のりました。 I rode in a car.　Me subí al auto.
		電車 (でんしゃ) train　tren	電車 が 時間どおり はしって います。 The train runs on time.　El tren llega a tiempo.
71	行	行 (い) きます to go　ir	いっしょに 行きますか。 Do you want to go together?　¿Te gustaría ir conmigo?
		行方 (ゆくえ) whereabouts　paradero	たなかさん の 行方 は わかりません。 I don't know where Mr. Tanaka is.　Se desconoce el paradero del Sr. Tanaka.
72	休	休 (やす) みます to rest　descansar	明日、がっこう を 休みます。 Tomorrow, I will not go to school.　Estaré ausente de la escuela mañana.
		休日 (きゅうじつ) day off, holiday vacación, día festivo	明日 は 休日 なので、じゅぎょう が ありません。 Since tomorrow is a holiday, there is no class. Mañana es festivo, por lo que no habrá clases.
73	聞	聞 (き) きます to listen; to ask (a question) escuchar; hacer (preguntas)	先生 に 聞きましょう。 Let's ask the teacher.　Preguntemos al profesor.
74	食	食 (た) べます to eat　comer	今日 の ひるごはん、何を 食べましたか。 What did you eat for lunch today?　¿Qué comiste hoy en el almuerzo?
		食 (しょく) パン plain bread　pan simple	食パン が おいしいと おもいます。 I think plain bread is delicious.　Creo que el pan es delicioso.
75	飲	飲 (の) みます to drink　beber	ビール を 飲みますか。 Will you drink beer?　¿Beberás cerveza?
		飲食 (いんしょく) eating and drinking comiendo y bebiendo	あの としょかんで 飲食 は きんし です。 Eating and drinking is not allowed in that library. No está permitido comer ni beber en esa biblioteca.

れんしゅう A　かんじで かいて ください。

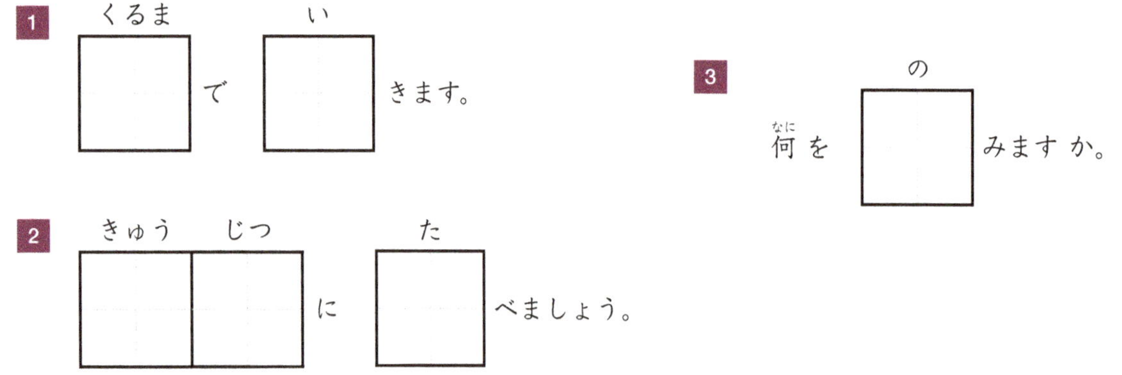

1 くるま 〔　〕 で い 〔　〕 きます。

2 きゅう じつ 〔　　〕 に た 〔　〕 べましょう。

3 何を の 〔　〕 みますか。

　かんじと　あっている　えに　せんで　つないで　ください。

聞　・

車　・

食　・

飲　・

休　・

　＿＿＿＿の　ことばは　どう　かきますか。　1・2・3・4から　いちばん　いい　ものを　ひとつ
えらんで　ください。

1　くるまに　のって　ください。

　1　乗　　　　　　　2　車　　　　　　　3　串　　　　　　　4　食

2　きょう、しごとを　やすみます。

　1　休　　　　　　　2　木み　　　　　　3　休み　　　　　　4　木

3　みずを　のみたい　です。

　1　飲　　　　　　　2　欠　　　　　　　3　食　　　　　　　4　良

　＿＿＿＿の　ことばは　ひらがなで　どう　かきますか。　1・2・3・4から　いちばん　いい
ものを　ひとつ　えらんで　ください。

1　どうやって　行きますか。

　1　お　　　　　　　2　い　　　　　　　3　や　　　　　　　4　あ

2　むずかしい　しつもんを　聞きました。

　1　くき　　　　　　2　たき　　　　　　3　かき　　　　　　4　きき

76	書	書きます to write　escribir	てがみを 書きました。 *I wrote a letter.　Escribí una carta.*
77	話	話します to talk　hablar	先生に 話しましょう。 *Let's talk to the teacher.　Hablemos con tu profesor.*
		話 a story　una historia	むかしの 話を 聞きましょう。 *Let's listen to an old story.　Escuchemos historias del pasado.*
		電話 phone　teléfono	明日、電話 しましょう。 *Let's call tomorrow.　Llamemos mañana.*
78	入	入ります to enter　entrar	車が トンネルに 入りました。 *The car entered the tunnel.　El coche entró en el túnel.*
		入れます to insert　insertar	はこの 中に 入れて ください。 *Please put it inside the box.　Por favor, colóquelo dentro de la caja.*
79	出	出ます to go out, to leave　sal de	へやから 出て ください。 *Please come out of the room.　Por favor, sal de la habitación.*
		出します to take out; to submit sacar; dar	ゴミを 出しました。 *I took out the garbage.　Saqué la basura.*
80	見	見ます to see, to watch　mirar, ver	テレビを 見ます。 *I will watch TV.　Veo la televisión.*
81	読	読みます to read　leer	その ほんを もう 読みましたか。 *Did you read that book already?　¿Ya leíste ese libro?*
		読書 reading　lectura, leer	しゅみは 読書 です。 *Reading is my hobby.　Mi pasatiempo es leer.*

れんしゅう A　かんじで かいて ください。

1　目 + 儿 = ☐

2　言 + 舌 = ☐

3　聿 + 日 = ☐

4　言 + 売 = ☐

　かんじの　よみかたを　ひらがなで　かいて　ください。

1　こわい　話を　読みました。

2　入りましたが、　すぐ　出ました。

3　何才　ですか。　書いて　ください。

　＿＿＿の　ことばは　どう　かきますか。　1・2・3・4から　いちばん　いい　ものを　ひとつ　えらんで　ください。

1　この　かんじが　よめますか。

　　1　読め　　　　　2　読　　　　　3　話め　　　　　4　話

2　しゅくだいを　だして　ください。

　　1　山して　　　　2　出して　　　　3　岩て　　　　　4　南て

3　すごい　ことを　みました。

　　1　児　　　　　　2　書　　　　　　3　見　　　　　　4　貝

　＿＿＿の　ことばは　ひらがなで　どう　かきますか。　1・2・3・4から　いちばん　いい　ものを　ひとつ　えらんで　ください。

1　この　もじの　よみかたは　なん　ですか。

　　1　読み万　　　　2　売み万　　　　3　読み方　　　　4　売み方

2　読書が　とても　すき　です。

　　1　さくぶん　　　2　どくしょ　　　3　よみき　　　　4　たくさん

3　どうぞ　入って　ください。

　　1　はりって　　　2　いりって　　　3　いって　　　　4　はいって

82	後	後で *later mas tarde*	後で 話しましょう。 *Let's talk later. Hablemos más tarde.*
		〜後（に） *after ~ después de ~*	ひるごはんの 後、いえを 出ました。 *After lunch, I went out of the house. Después del almuerzo salí de casa.*
83	前	前の〜 *the ~ in front; the previous ~* *~ delante; anterior ~*	前の 人が おそい ですね。 *The person in front sure is slow. El persona delante es lento.*
		〜前に *~ ago; before ~* *hace ~, antes de ~*	行く 前に 電話 して ください。 *Please call before you go. Por favor llama antes de ir.*
84	午	午前 *AM mañana*	毎日、私は 午前4時に おきます。 *Every day, I wake up at 4 AM. Todos los días me despierto a las 4 de la mañana.*
		午後 *PM tarde*	がっこうの イベントは 午後1時 です。 *The school event is at 1 PM. El evento escolar es a la 1 de la tarde.*
85	名	名前 *name nombre*	お名前は 何 ですか。 *What is your name? ¿Cómo te llamas?*
		名人 *expert maestro*	スミスさんは りょうりの 名人 です。 *Mr. Smith is a cooking expert. El señor Smith es un maestro cocinero.*
86	本	本 *book libro*	この 本は たかい ですね。 *This book sure is expensive. Este libro es caro.*
		日本 *Japan Japón*	いつか 日本に すんで みたい です。 *I want to try living in Japan someday. Quiero intentar vivir en Japón algún día.*
87	屋	〜屋（さん） *~ store comercio, tienda*	レストランの となりは 本屋さん です。 *There is a book store next to the restaurant. Hay una librería al lado del restaurante.*

れんしゅう A　かんじで 書いて ください。

　じかんを　かんじで　書いて　ください。

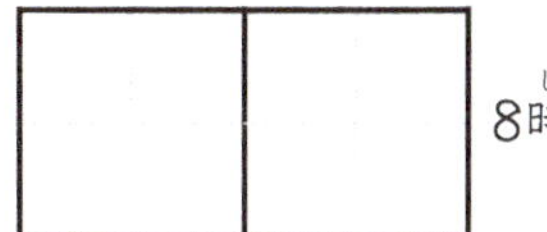
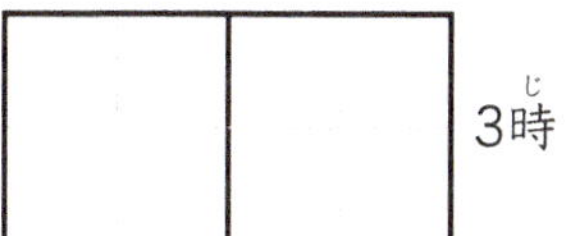

1 ［　　　｜　　　］10時

2 ［　　　｜　　　］8時半

3 ［　　　｜　　　］3時

れんしゅう C　＿＿＿＿の　ことばは　どう　かきますか。　1・2・3・4から　いちばん　いい　ものを　ひとつ　えらんで　ください。

1 その　こどもの　<u>なまえ</u>は　なん　ですか。

　　1　外月　　　　　2　夕日　　　　　3　多花　　　　　4　名前

2 しょくじの　<u>あとに</u>　さんぽ　しました。

　　1　後に　　　　　2　係に　　　　　3　後　　　　　4　係

3 がっこうは　<u>ごぜん</u>7じから　はじまります。

　　1　牛前　　　　　2　午前　　　　　3　干後　　　　　4　年後

れんしゅう D　＿＿＿＿の　ことばは　ひらがなで　どう　かきますか。　1・2・3・4から　いちばん　いい　ものを　ひとつ　えらんで　ください。

1 <u>日本</u>の　ひとは　フレンドリー　ですか。

　　1　にちぼん　　　2　きょう　　　　3　ひほん　　　　4　にほん

2 それは　おいしい　<u>パン屋</u>さん　ですよ。

　　1　ぽんや　　　　2　ぱんや　　　　3　ぱんよ　　　　4　ぽんよ

2 かれは　からての　<u>名人</u>　です。

　　1　なびと　　　　2　なじん　　　　3　なにん　　　　4　めいじん

2 パーティーは　<u>午後</u>7じから　です。

　　1　ごご　　　　　2　ごはん　　　　3　うぜん　　　　4　ごぜん

88	子	うちの子 *my child　mi hijo/hija*	うちの子 は よく なきます。 *My child cries a lot.　Mi hijo llora mucho.*
		お子さん *your child　tu niño/niña*	お子さん の お名前 は 何 ですか。 *What is your child's name?　¿Cómo se llama tu hijo?*
89	女	女の人 *woman　mujer*	すてきな 女の人 ですね。 *What a lovely woman.　Ella es una mujer maravillosa.*
		女の子 *girl　niña*	女の子 の ふく を うって います。 *I am selling girls clothes.　Vendo ropa para niñas.*
90	男	男の人 *man　hombre*	つよい 男の人 と けっこん したい です。 *I want to marry a strong man.　Quiero casarme con un hombre fuerte.*
		男の子 *boy　niño*	ここ は 男の子 が よく あそぶ こうえん です。 *This is a park where boys often play at.　Este es un parque donde suelen jugar los niños.*
91	母	母 *my mother　mi madre*	母 は 元々 イギリス から きました。 *My mother originally came from England.　Mi madre vino originalmente de Inglaterra.*
		お母さん *mother　madre*	あきらの お母さん は とても やさしい です。 *Akira's mother is very kind.　La madre de Akira es muy amable.*
92	父	父 *my father　mi padre*	父 の 名前 は りょうすけ です。 *My father's name is Ryousuke.　El nombre de mi padre es Ryousuke.*
		お父さん *father　padre*	けいこの お父さん は どんな 人 ですか。 *What kind of person is Keiko's father?　¿Qué clase de persona es el padre de Keiko?*
93	友	友だち *friend(s)　amigo(s)*	私 は 友だち が たくさん います。 *I have lots of friends.　Tengo muchos amigos.*

れんしゅう A　かんじ で かいて ください。

1 　⬜ の ⬜

3 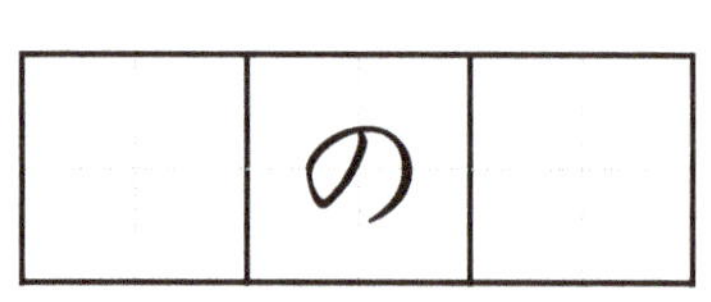

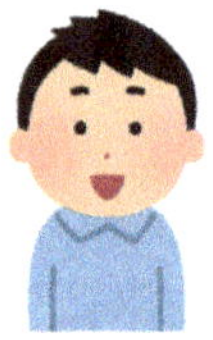

2 　⬜ の ⬜

4 　⬜ の ⬜

れんしゅう B　ただしい　ことばを　かんじで　書（か）いて　ください。

1

［　　］と［　　］です。

2

サマンサーさんの

［　　］［　　］［　　］［　　］と

［　　］［　　］［　　］［　　］です。

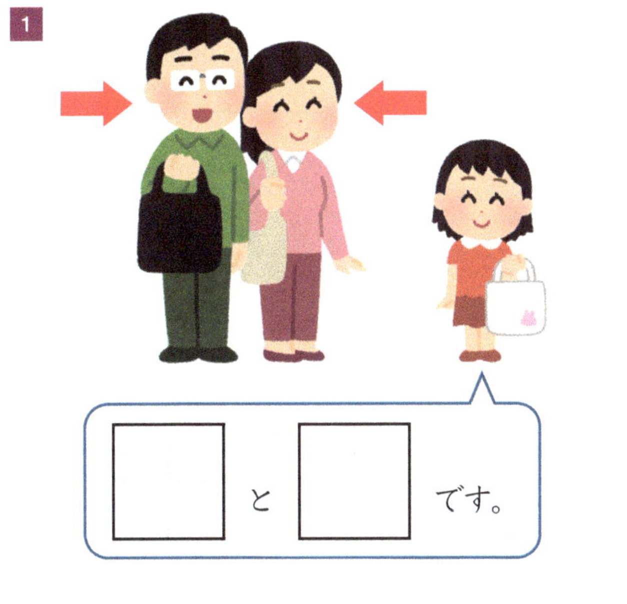

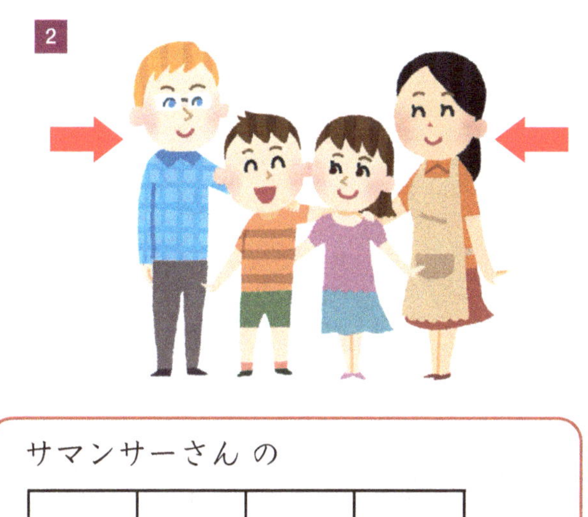

れんしゅう C　＿＿＿の　ことばは　どう　かきますか。　1・2・3・4から　いちばん　いい　ものを　ひとつ　えらんで　ください。

1　はい、　ははは　にほんじん　です。

1　母　　2　毎　　3　海　　4　毒

2　マリーさんの　おこさんは　とても　ていねい　ですね。

1　子　　2　了　　3　字　　4　学

3　ともだちに　なりませんか。

1　左だち　　2　友だち　　3　右だち　　4　佐だち

れんしゅう D　＿＿＿の　ことばは　ひらがなで　どう　かきますか。　1・2・3・4から　いちばん　いい　ものを　ひとつ　えらんで　ください。

1　あなたの　お父さんは　まいにち　しごとに　いきますか。

1　とと　　2　ちち　　3　とお　　4　とう

2　女の子の　へや　です。

1　おとこのこ　　2　おんなのこ　　3　おんなのひと　　4　おとこのひと

17 高校長大小広

94	高	高(たか)い tall; epensive alto; caro	この 木(き) は 高(たか)い です ね。 This tree sure is tall. Este árbol es alto.
95	校	学校(がっこう) school escuela	学校(がっこう) は 月曜日(げつようび) から 金曜日(きんようび) まで です。 School is from Monday to Friday. La escuela es de lunes a viernes.
		高校(こうこう) high school escuela secundaria	日本(にほん) の 高校(こうこう) は 3年(ねん) で おわります。 High school in Japan is 3 years. La escuela secundaria en Japón dura 3 años.
96	長	長(なが)い long largo	あの 長(なが)い はし を わたります。 I will cross that long bridge. Cruzaré ese largo puente.
		長男(ちょうなん) eldest son hijo mayor	うち の 長男(ちょうなん) は いしゃ に なりました。 Our eldest son became a doctor. Nuestro hijo mayor se hizo médico.
97	大	大(おお)きい big, large grande	大(おお)きい 車(くるま) を かいたい です。 I want to buy a big car. Quiero comprar un auto grande.
		大人(おとな) adult adulto	18才(さい) の 人(ひと) は 大人(おとな) です か。 Are 18-year-olds adults? ¿Un joven de 18 años es un adulto?
		大雨(おおあめ) heavy rain lluvia pesada	大雨(おおあめ) なので、 気(き) を つけて ください。 There's heavy rain, so please be careful. Está lloviendo mucho, así que tenga cuidado.
98	小	小(ちい)さい small, little pequeño	小(ちい)さい いぬ が かわいい と おもいます。 I think small dogs are cute. Creo que los perros pequeños son lindos.
		小学校(しょうがっこう) elementary school escuela primaria	金曜日(きんようび) に 小学校(しょうがっこう) の イベント が あります。 On Friday there is an elementary school event. Habrá un evento para la escuela primaria el viernes.
99	広	広(ひろ)い wide, spacious ancho, espaciosa	この へや は 広(ひろ)い です ね。 This room is spacious. Esta habitación es espaciosa.

れんしゅう A かんじ で かいて ください。

1

2

3

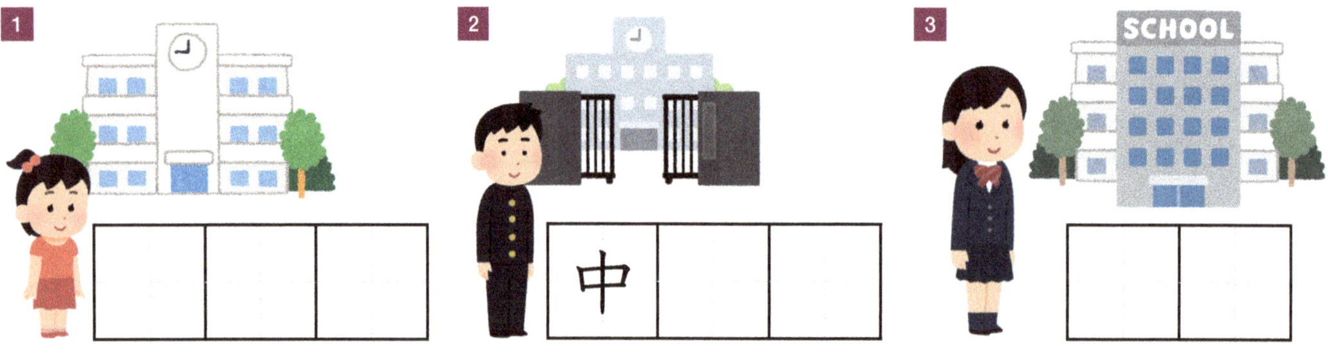

　どの　かんじが　ただしい　ですか。　ただしい　かんじを　○で　えらんで　ください。

1　<u>おおきい</u>　天　vs　大

3　<u>たかい</u>　高　vs　亮

2　<u>ちいさい</u>　少　vs　小

4　<u>ひろい</u>　応　vs　広

　＿＿＿＿の　ことばは　どう　かきますか。　1・2・3・4から　いちばん　いい　ものを　ひとつ　えらんで　ください。

1　はやく　<u>おとなに</u>　なりたい　です。

　　1　小人　　　　2　女人　　　　3　大人　　　　4　音人

2　かのじょは　かみが　<u>ながい</u>　です。

　　1　衣がい　　　2　長がい　　　3　衣い　　　　4　長い

3　<u>ちいさい</u>　ころ、　よく　アニメを　みて　いました。

　　1　小さい　　　2　少さい　　　3　歩さい　　　4　短さい

4　<u>がっこうを</u>　そつぎょう　しました。

　　1　字文　　　　2　子林　　　　3　字設　　　　4　学校

　＿＿＿＿の　ことばは　ひらがなで　どう　かきますか。　1・2・3・4から　いちばん　いい　ものを　ひとつ　えらんで　ください。

1　<u>広い</u>　へやが　いい　です。

　　1　ながい　　　2　ひろい　　　3　せまい　　　4　たかい

2　<u>長男</u>の　なまえは　けんご　です。

　　1　ちょうじょ　　2　ちょうお　　3　ちょうなん　　4　ながねん

3　<u>大雨</u>が　つづいて　います。

　　1　おうあめ　　　2　おおあめ　　　3　おきあめ　　　4　だいあめ

4　<u>高校</u>の　ころ、　せいふくを　きないと　いけません。

　　1　こうこう　　　2　たっこう　　　3　たかこ　　　4　こうこ

好色白黒青赤

100	好	好き（な） like, prefer　favorito	どんな 車 が 好き ですか。 *What kind of car do you like?　¿Qué tipo de coche te gusta?*
101	色	色 color	いちばん 好きな 色は 何 ですか。 *What is your favorite color?　¿Cuál es tu color favorito?*
		色々（な） various　varios	色々な しつもんを 聞きました。 *I asked various questions.　Le hice varias preguntas.*
102	白	白い white　blanco	白い Tシャツを きました。 *I wore a white T-shirt.　Llevaba una camiseta blanca.*
		白人 white person　gente blanca	さいきんの だいとうりょうは 白人 です。 *Recent presidents have been white people.　Los presidentes recientes son blancos.*
103	黒	黒い black　negro	黒い マスクを ください。 *Please give me a black mask.　Por favor dame una máscara negra.*
		白黒 black and white blanco y negro	むかしの テレビ ばんぐみは ぜんぶ 白黒 でした。 *All of the old TV programs were black and white.* *Todos los viejos programas de televisión eran en blanco y negro.*
104	青	青い blue　azul	青い ボールを なげました。 *I threw a blue ball.　Lancé una bola azul.*
		青年 a young person　juven(tud)	かれは 元気な 青年 ですね。 *He is a lively young person.　Es un joven vivaz.*
105	赤	赤い red　rojo	おさけを 飲むと かおが 赤く なります。 *When I drink sake, my face turns red.　Cuando bebo sake, mi cara se pone roja.*
		赤ちゃん baby　bebé	赤ちゃんが やっと 生まれました。 *The baby was finally born.　El bebé finalmente nació.*

れんしゅう A　かんじで かいて ください。

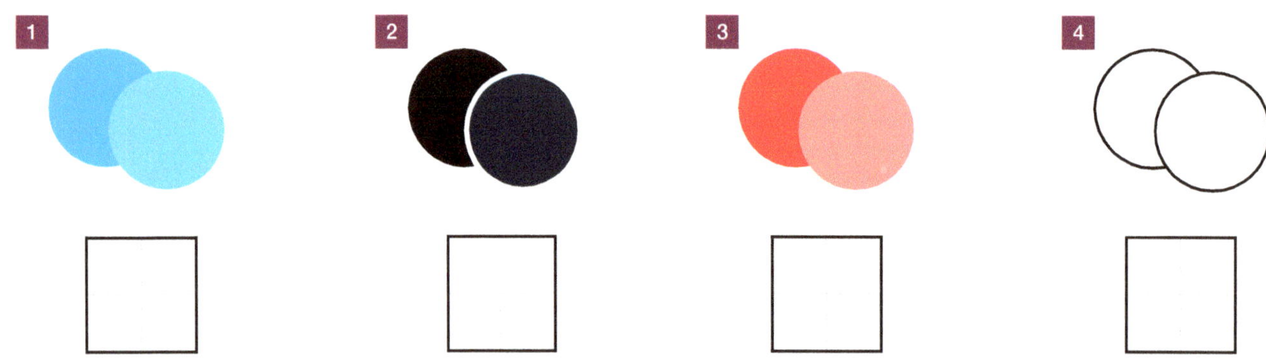

1　□　　□

好きな　色は？

3　□　　□

色々な　人

2　　　　□

かわいい　赤ちゃん

4　□　□

黒い　本が　ほしい

れんしゅう C　______の　ことばは　どう　かきますか。　1・2・3・4から　いちばん　いい　ものを　ひとつ　えらんで　ください。

1　しろい　かみを　さがして　います。

　　1　目い　　　　　2　百い　　　　　3　日い　　　　　4　白い

2　あおい　りんごを　かいに　でかけました。

　　1　赤い　　　　　2　青い　　　　　3　黄い　　　　　4　緑い

3　その　たてものの　いろが　すき　じゃありません。

　　1　己　　　　　　2　色　　　　　　3　巴　　　　　　4　亡

4　それは　しろくろの　ざっし　ですか。

　　1　白黒　　　　　2　黒白　　　　　3　里百　　　　　4　百里

れんしゅう D　______の　ことばは　ひらがなで　どう　かきますか。　1・2・3・4から　いちばん　いい　ものを　ひとつ　えらんで　ください。

1　へやに　赤い　はなが　あります。

　　1　あかい　　　　2　あおい　　　　3　ひろい　　　　4　またい

2　おおくの　がいこくじんは　白人　でした。

　　1　ひゃくにん　　2　ひゃくじん　　3　しろにん　　　4　はくじん

3　好きな　りょうりは　なん　ですか。

　　1　す　　　　　　2　つ　　　　　　3　こ　　　　　　4　は

4　さいきんの　青年は　せいじに　きょうみ　ありません。

　　1　あおねん　　　2　しょうねん　　3　せいねん　　　4　あおとし

＿＿＿の　ことばは　どう　かきますか。　1・2・3・4から　いちばん　いい　ものを　ひとつ
えらんで　ください。

1　この　へやは　とても　ひろい　ですね。

　　1　出い　　　　　　2　広い　　　　　　3　曜い　　　　　　4　屋い

2　あした、　どこに　いきますか。

　　1　来きます　　　　2　行きます　　　　3　飲きます　　　　4　徐きます

3　その　えいがを　もう　みましたか。

　　1　見ました　　　　2　目ました　　　　3　自ました　　　　4　児ました

4　あの　ほんやで　この　ほんを　かいました。

　　1　木屋　　　　　　2　木至　　　　　　3　本至　　　　　　4　本屋

5　おおくの　おとこのひとが　この　ジムに　きます。

　　1　女の人　　　　　2　男の子　　　　　3　男の人　　　　　4　女の子

6　でんしゃに　のって　かえりました。

　　1　雷雨　　　　　　2　電気　　　　　　3　雷乗　　　　　　4　電車

7　かぎを　いれて　ください。

　　1　入れて　　　　　2　入て　　　　　　3　人れて　　　　　4　人て

8　がっこうは　ごご2じはんに　おわります。

　　1　午後　　　　　　2　牛後　　　　　　3　午前　　　　　　4　牛前

9　ちちの　おとうさんは　わたしの　おじいさん　です。

　　1　翁　　　　　　　2　母　　　　　　　3　父　　　　　　　4　夫

10　きょうの　あさごはん、　なにを　たべましたか。

　　1　釜　　　　　　　2　食　　　　　　　3　金　　　　　　　4　良

_____の ことばは ひらがなで どう かきますか。 1・2・3・4から いちばん いい ものを
ひとつ えらんで ください。

1 なまえを 書いて ください。

1 かいて　　　　2 くいて　　　　3 よいて　　　　4 さいて

2 いちばん 高い カバンを かいました。

1 よい　　　　2 ながい　　　　3 ひろい　　　　4 たかい

3 大人 ふたりが その いえに すんで います。

1 おびと　　　　2 おうびと　　　　3 おおとな　　　　4 おとな

4 パン屋さんに いきませんか。

1 さ　　　　2 き　　　　3 や　　　　4 よ

5 みずを よく 飲みますか。

1 いみます　　　　2 なみます　　　　3 のみます　　　　4 よみます

6 かのじょの しゅみは 読書 です。

1 どくがき　　　　2 よみかき　　　　3 どくしょ　　　　4 よみしょ

7 かれは 学校の せんせい です。

1 がっこう　　　　2 がこう　　　　3 がっこ　　　　4 がこ

8 お母さんの しごとは なん ですか。

1 おとさん　　　　2 おかさん　　　　3 おとうさん　　　　4 おかあさん

9 前の くるまの ほうが いいと おもいます。

1 ぜん　　　　2 あと　　　　3 まえ　　　　4 うしろ

10 黒い ペンを つかって ください。

1 ながい　　　　2 あい　　　　3 くろ　　　　4 しろ

ボーナス漢字

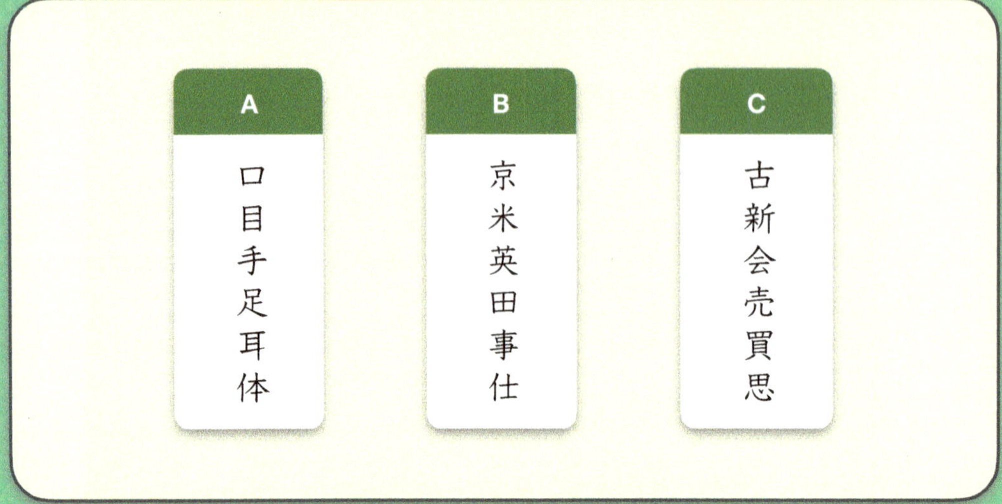

口目手足耳体

106 口

口
mouth　boca

口を　あけて　ください。
Open your mouth.　Abre la boca.

南口
south exit　salida sur

南口で　出ました。
I went out through the south exit.　Salí por la salida sur.

入り口
entrance　salida sur

入り口は　どこ　ですか。
Where is the entrance? ¿Dónde está la entrada?

107 目

目
eye(s)　ojo(s)

なにか　目に　入りました。
Something got in my eye.　Algo se metió en mi ojo.

〜目
~th, ~st, ~nd, ~rd
~ésima vez

三つ目の　かどを　まがります。
I will turn at the 3rd corner.　Doblaré en la tercera esquina.

108 手

手
hand　mano

手を　上げて、　しつもんを　聞きました。
I raised my hand and asked a question.　Levanté la mano e hice una pregunta.

右手
right hand　mano derecha

右手が　いたい　です。
My right hand hurts.　Me duele la mano derecha.

109 足

足
leg, foot　pierna, pie

たなかさんは　足が　長い　です。
Mr. Tanaka has long legs.　El señor Tanaka tiene piernas largas.

足ります
to have enough
tener suficiente

この　ぐらいで　足りますか。
Will this amount be enough? ¿Será suficiente esta cantidad?

110 耳

耳
ear(s)　oreja(s), oído(s)

耳から　ちが　出ました。
Blood came out of my ear.　La sangre salió de mi oído.

111 体

体
body　cuerpo

たくさん　うんどう　して、　体が　つかれました。
I exercised a lot and now my body is exhausted.
Hice mucho ejercicio y ahora mi cuerpo está agotado.

体長
body length
longitud corporal

この　さかなの　体長は　23センチ　です。
The length of this fish is 23 centimeters.　La longitud de este pez es de 23 centímetros.

れんしゅう　A　　かんじで　書いて　ください。

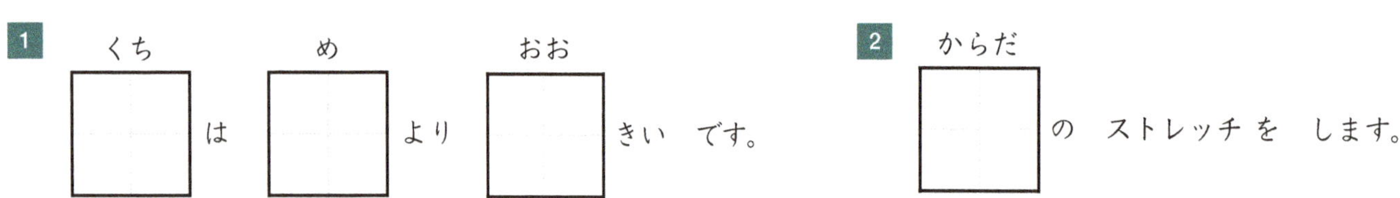

1　くち　　め　　おお

☐は　☐より　☐きい　です。

2　からだ

☐の　ストレッチを　します。

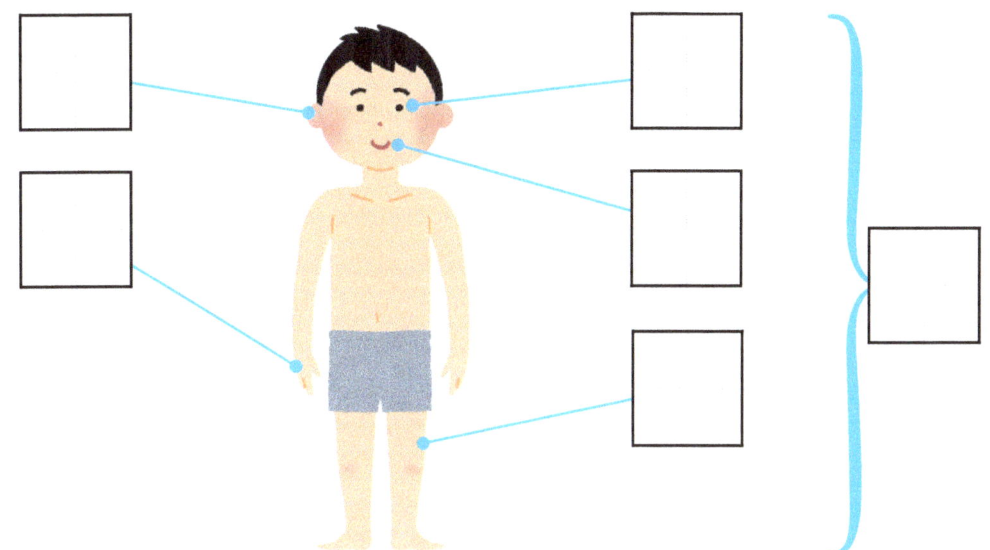

1　これだけで ぜんぜん たりません。

　　1　足　　　　　　　2　走　　　　　　　3　歩　　　　　　　4　数

2　ねつが あって、からだが いたい です。

　　1　林　　　　　　　2　本　　　　　　　3　休　　　　　　　4　体

3　みみが きこえない ひとが その いざかやで はたらいて います。

　　1　耳　　　　　　　2　身　　　　　　　3　頭　　　　　　　4　手

1　ころんで、右手に けがを しました。

　　1　さて　　　　　　2　うて　　　　　　3　みぎて　　　　　4　ひだりて

2　どの 入り口を つかいますか。

　　1　はいりくち　　　2　いりくち　　　　3　はいりぐち　　　4　いりぐち

3　くみこちゃんは 目が おおきい ですね。

　　1　て　　　　　　　2　ぬ　　　　　　　3　め　　　　　　　4　ね

112　京

とうきょう
東京
Tokyo　Tokio

とうきょう に たかい たてもの が おおい です。
東京 に 高い たてもの が おおい です。
There are a lot of tall buildings in Tokyo.　Hay muchos edificios altos en Tokio.

じょうきょう
上京
to go to Tokyo　ir a Tokio

らいしゅう、 じょうきょう します。
来週、 上京 します。
Next week, I will go to Tokyo.　La semana que viene iré a Tokio.

113　米

こめ
米
rice　arroz

よく こめ を たべますか。
よく 米を 食べますか。
Do you often eat rice?　¿Comes arroz a menudo?

べいこく
米国
*The United States
Los Estados Unidos*

この にく は べいこく の にく です。
この にくは 米国の にく です。
This meat is meat from the United States.　Esta carne es carne de Estados Unidos.

114　英

えいご
英語
English　Inglés

えいご も にほんご も はなせます。
英語も 日本語も 話せます。
I can speak both English and Japanese.　Puedo hablar tanto inglés como japonés.

えいこく
英国
England　Inglaterra

えいこく の ふね って おおきい です ね。
英国の ふねって 大きい ですね。
English ships are large, aren't they?　Los barcos ingleses son grandes, ¿no?

115　田

た
田んぼ
*rice paddy field
campo de arroz*

た んぼ で あそびます。
田んぼで あそびます。
I will play in the rice paddy field.　Juega en los campos de arroz.

たなか
田中さん
Mr(s). Tanaka　Sr(a). Tanaka

たなか さん は いい とも だち です。
田中さん は いい 友だち です。
Mr. Tanaka is a good friend.　El señor Tanaka es un buen amigo.

116　事

こと
事
thing(s)　caso, cosas

よく ある こと です。
よく ある 事 です。
It's common.　Esto sucede a menudo.

かじ
火事
a fire　fuego

きのう、 いえ が かじ に なりました。
昨日、 いえが 火事に なりました。
My house caught fire yesterday.　Ayer se incendió mi casa.

だいじ
大事(な)
important　importante

だいじ な おしらせ が あります。
大事な おしらせが あります。
I have an important announcement.　Tengo un anuncio importante.

117　仕

しごと
仕事
work, job　trabajo

たなか さん の しごと は なん です か。
田中さん の 仕事は 何 ですか。
What is Miss Tanaka's job?　¿Cuál es el trabajo de la señorita Tanaka?

しかた
仕方がありません
*it can't be helped,
it's unavoidable
no puedo evitarlo,
no hay más remedio*

あめ が ふって いますが、 かさ を もって いません。
しかた
雨 が ふって いますが、 かさ を もって いません。
仕方がありません。 あるきます。
*It's raining but I don't have an umbrella. It can't be helped. I'll walk.
Está lloviendo pero no tengo paraguas. No puedo evitarlo. Caminar.*

　かんじで　書^かいて　ください。

1

2

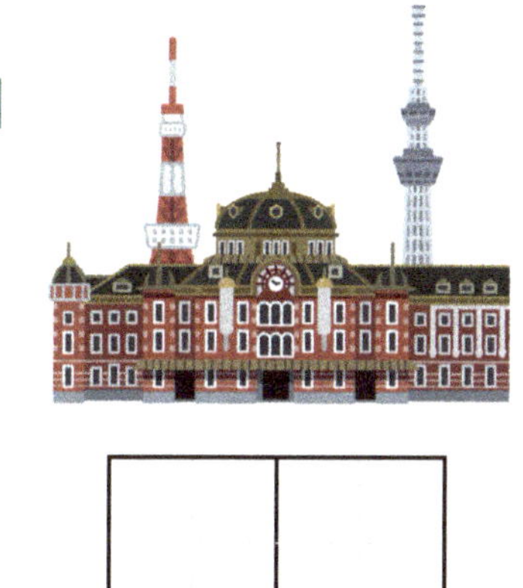
3

　＿＿＿の　ことばは　どう　かきますか。　1・2・3・4から　いちばん　いい　ものを　ひとつ　えらんで　ください。

1　わたしの　いえの　うしろに　たんぼが　あります。

　1　回ぼ　　　　　　　2　回んぼ　　　　　　3　田んぼ　　　　　　4　田ぼ

2　どんな　ことが　すき　ですか。

　1　事　　　　　　　　2　物　　　　　　　　3　免　　　　　　　　4　者

3　スペインごより　えいごの　ほうが　むずかしいと　おもいます。

　1　葵話　　　　　　　2　英話　　　　　　　3　英語　　　　　　　4　葵語

4　いっかい　とうきょうに　すんで　みたい　です。

　1　東京　　　　　　　2　京東　　　　　　　3　涼棟　　　　　　　4　棟涼

　＿＿＿の　ことばは　ひらがなで　どう　かきますか。　1・2・3・4から　いちばん　いい　ものを　ひとつ　えらんで　ください。

1　そんな　仕事は　むずかしい　です。

　1　しがた　　　　　　2　しかた　　　　　　3　しこと　　　　　　4　しごと

2　米国から　にほんに　ひっこしました。

　1　ここく　　　　　　2　こめぐに　　　　　3　こめくに　　　　　4　べいこく

3　ともだちを　大事に　して　ください。

　1　おおごと　　　　　2　だいじ　　　　　　3　たいこと　　　　　4　だいごと

4　でんしゃで　上京　します。

　1　じょうきょ　　　　2　じょうきょう　　　3　うえきょ　　　　　4　うえきょう

118	古	古い old　viejo	この 車は 古い ですが、 まだ つかえます。 *This car is old, but I can still use it.　Este auto es viejo, pero todavía puedo usarlo.*
		中古車 used car coche de segunda mano	中古車なら あの みせに 行った 方が いい ですよ。 *If you want a used car, you should go to that shop over there.* *Si quieres un coche usado, debes ir a esa tienda de allí.*
119	新	新しい new　nuevo	新しい カバンを かいに 行きます。 *I will go to buy a new bag.　Iré a comprar un bolso nuevo.*
		新車 new car　coche nuevo	新車も 中古車も うって います。 *We sell both new cars and used cars.　Vendemos tanto coches nuevos como usados.*
120	会	会います to meet　encontrar	明日、 モールで 会いましょう。 *Let's meet at the mall tomorrow.　Nos vemos mañana en el centro comercial.*
		会話 conversation　conversación	友だちと 長い 会話を しました。 *I had a long conversation with my friend.　Tuve una larga conversación con un amigo.*
121	売	売ります to sell　vender	好きな ぼうしを 売りました。 *I sold my favorite hat.　Vendí mi sombrero favorito.*
		売り上げ sales amount　ventas	今日の 売り上げは どのぐらい ですか。 *About how much were today's sales?　¿Cuáles son sus ventas hoy?*
122	買	買います to buy　comprar	どの つくえを 買いますか。 *Which desk will you buy?　¿Qué escritorio comprarás?*
123	思	思います to think　pensar	これについて どう 思いますか。 *What do you think about this?　¿Qué piensas sobre esto?*
		思い出 a memory　un recuerdo	いっしょに いい 思い出を つくりましょう。 *Let's make good memories together.　Hagamos buenos recuerdos juntos.*

れんしゅう A　かんじで 書いて ください。

1　
皿 ＋ 貝 ＝ ☐

3　十 ＋ 口 ＝ ☐

2　田 ＋ 心 ＝ ☐

4　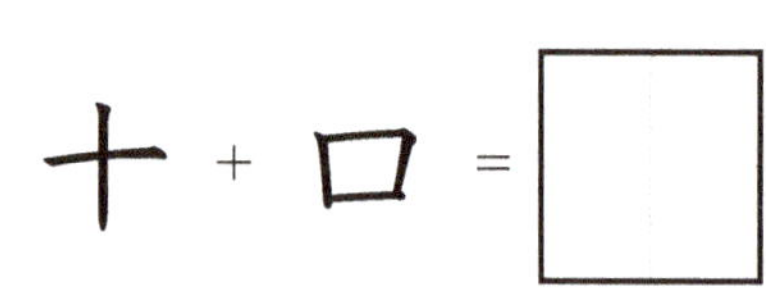
立 ＋ 木 ＋ 斤 ＝ ☐

　かんじと　あっている　えに　せんで　つないで　ください。

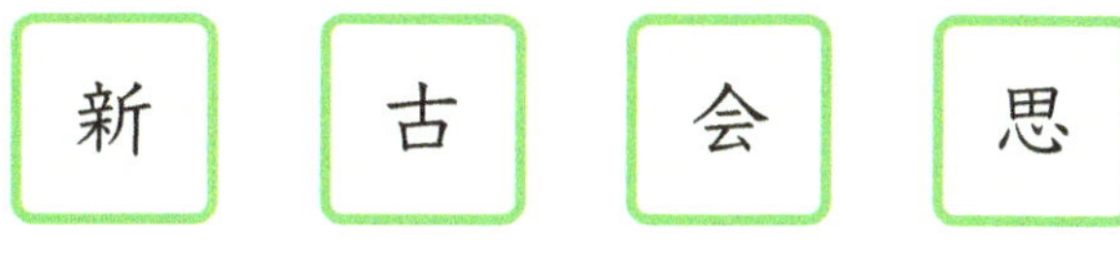

新　　古　　会　　思

　______の　ことばは　どう　かきますか。　1・2・3・4から　いちばん　いい　ものを　ひとつ　えらんで　ください。

1　あさって、だれと　あいますか。

　1　伝い　　　　　2　会い　　　　　3　合い　　　　　4　拾い

2　この　たてものは　とても　ふるくて、はいらない　ほうが　いい　ですよ。

　1　数　　　　　2　新　　　　　3　古　　　　　4　回

3　それは　いけないと　おもいます。

　1　応います　　　2　畠います　　　3　思います　　　4　心います

　______の　ことばは　ひらがなで　どう　かきますか。　1・2・3・4から　いちばん　いい　ものを　ひとつ　えらんで　ください。

1　きのうの　売り上げは　どう　でしたか。

　1　うりあげ　　　2　おりうげ　　　3　うりさげ　　　4　おりさげ

2　かれと　会話する　ことが　すき　です。

　1　あうばなし　　2　かいはな　　　3　かいわ　　　4　あうわ

3　その　モールに　新しい　みせが　たくさん　あります。

　1　すずしい　　　2　おもしい　　　3　ふるしい　　　4　あたらしい

N5

げんごちしき (もじ)

(10ふん)

この　もぎテストに　もじ（かんじ）の　しつもんしか　ありません。
じっさいの　しけんの　とき、　20ふんが　ありますが、　もぎしけんでは
10ふんいないで　おわる　ことを　がんばって　ください。

In this mock test, only questions related to characters (kanji) are presented. When you take the actual test, you will have 20 minutes to complete this section, but for the mock test, try to finish this section in 10 minutes or less.

En esta prueba de práctica, solo se presentan preguntas relacionadas con caracteres (kanji). Cuando realices la prueba real, tendrás 20 minutos para completar esta sección, pero para la prueba de práctica, intenta terminar esta sección en 10 minutos o menos.

もんだい１　＿＿＿＿の　ことばは　ひらがなで　どう　かきますか。
　　　　　１・２・３・４から　いちばん　いい　ものを　えらんで
　　　　　ください。

（れい）　　　ボールは　テーブルの　上に　あります。
　　　　　　１　あお　　　　うえ　　　　３　した　　　　　４　よこ

1　一万えん　かかります。

　　１　いっぽん　　　　２　ひとめん　　　　３　いちまん　　　４　いっせん

2　あした、　花火の　イベントが　あります。

　　１　はなび　　　　　２　はなひ　　　　　３　ばなぴ　　　　４　はんか

3　まいにち、　あさごはんを　食べますか。

　　１　さべ　　　　　　２　くべ　　　　　　３　よべ　　　　　４　たべ

4　今日は　かようびなので、　がっこうに　いきます。

　　１　こんにち　　　　２　こんび　　　　　３　いまび　　　　４　きょう

5　元気な　あかちゃんが　うまれました。

　　１　もとぎ　　　　　２　げんぎ　　　　　３　げんき　　　　４　もとき

6　へやに　入ります。

　　１　でります　　　　２　はいります　　　３　いります　　　４　あります

文字

もんだい2 ＿＿＿の ことばは どう かきますか。
1・2・3・4から いちばん いい ものを えらんで ください。

（れい）　　えいごが むずかしい です。

　　　　　1　中国　　　　2　日本語　　英語　　　4　韓国語

7　オレンジを やっつ かいました。

　　1　四つ　　　　2　五つ　　　　3　七つ　　　　4　八つ

8　おかねを ぜんぶ わたしました。

　　1　お銀　　　　2　金　　　　3　銀　　　　4　お金

9　この でんしゃは とうきょうから おおさかまで はしります。

　　1　電車　　　　2　雷車　　　　3　電乗　　　　4　雷乗

10　しゅうまつに なにか ありますか。

　　1　周妹　　　　2　調末　　　　3　週末　　　　4　調妹

11　ふじさんは にほんで いちばん たかい やま です。

　　1　岡　　　　2　山　　　　3　用　　　　4　川

12　この えが とても すき です。

　　1　好き　　　　2　汝き　　　　3　知き　　　　4　彼き

N5

げんごちしき (もじ)

(10ふん)

文字

もんだい1　＿＿＿＿の　ことばは　ひらがなで　どう　かきますか。
　　　1・2・3・4から　いちばん　いい　ものを　えらんで
　　　ください。

（れい）　　　ボールは　テーブルの　上に　あります。
　　　　　1　あお　　　　うえ　　　3　した　　　4　よこ

1　六人　かぞく　です。

　　1　ごじん　　　　2　ごにん　　　　3　ろくじん　　　4　ろくにん

2　いえと　いえの　間に　おおきい　きが　あります。

　　1　ふち　　　　2　まさ　　　　3　あいだ　　　4　かん

3　あしたは　休日　ですか。

　　1　きゅうじつ　　2　やすび　　　3　きゅび　　　4　やすひ

4　先に　いって、　じゅんびを　します。

　　1　せん　　　　2　さき　　　　3　しょう　　　4　さら

5　あの　森の　なかに　ちいさい　おてらが　あります。

　　1　もり　　　　2　はやし　　　3　しん　　　　4　りん

6　ともだちと　でんわで　<u>話し</u>ました。

　　1　わし　　　　　　2　はなし　　　　3　いし　　　　　4　ばし

7　<u>時々</u>　がっこうを　やすみます。

　　1　ときとき　　　　2　しじ　　　　　3　どきどき　　　4　ときどき

文字

もんだい2 ＿＿＿＿の ことばは どう かきますか。
1・2・3・4から いちばん いい ものを えらんで ください。

（れい）　えいごが　むずかしい　です。

　　　　1　中国　　　　2　日本語　　**③** 英語　　　4　韓国語

8　きょう、かぜが　つよい　ですね。

　1　空　　　　2　帆　　　　3　虫　　　　4　風

9　コーヒーを　のみますか。

　1　見みます　　　2　欠みます　　　3　飲みます　　　4　食みます

10　この　たてものは　2020ねんに　たてられました。

　1　干　　　　2　年　　　　3　秊　　　　4　牛

11　きた　のほうから　あらしが　きました。

　1　北　　　　2　比　　　　3　尼　　　　4　西

12　ほんやさんで　じしょを　かいました。

　1　本屋さん　　　2　本至さん　　　3　本屋　　　4　本至

N5

げんごちしき (もじ)

(10ふん)

もんだい1　＿＿＿＿の　ことばは　ひらがなで　どう　かきますか。
　　　1・2・3・4から　いちばん　いい　ものを　えらんで
　　　ください。

（れい）　　ボールは　テーブルの　上に　あります。
　　　　1　あお　　　　うえ　　　3　した　　　4　よこ

1　百人が　さんか　しました。

　　　1　びゃくじん　　　2　はくじん　　　3　ひゃくにん　　　4　はくにん

2　この　水は　きたない　です。

　　　1　ひ　　　　　　2　しょう　　　3　みず　　　4　すい

3　クラスは　午前9じから　です。

　　　1　ごご　　　　　2　ごぜん　　　3　うしまえ　　　4　うご

4　南アフリカは　どんな　くに　ですか。

　　　1　みなみ　　　　2　きた　　　3　なん　　　4　ひがし

5　しめきりは　らいしゅうの　半ば　ですよ。

　　　1　ともば　　　　2　はば　　　3　はんば　　　4　なかば

6 <u>私</u>の　なまえは　スミス　です。

　　1　わ　　　　　　2　わたし　　　　3　はたす　　　4　しま

7 <u>土</u>から　はなが　でて　きました。

　　1　ど　　　　　　2　ち　　　　　　3　つち　　　　4　と

もんだい2 ＿＿＿＿の ことばは どう かきますか。
　　　　　　１・２・３・４から いちばん いい ものを えらんで ください。

（れい）　　えいごが　むずかしい　です。

　　　　　　　１　中国　　　　　２　日本語　　　③　英語　　　　４　韓国語

8　100えんに　なります。

　　　１　色　　　　　　　２　母　　　　　　３　用　　　　　　４　円

9　あかるい　へやで　おねがい　します。

　　　１　明るい　　　　　２　月るい　　　　３　説るい　　　　４　唄るい

10　わかりません。　しつもんを　ききます。

　　　１　聞きます　　　　２　聞きます　　　３　問きます　　　４　門きます

11　その　あかい　Tシャツは　240えん　です。

　　　１　青かい　　　　　２　青い　　　　　３　赤い　　　　　４　赤かい

12　まいしゅう　すもうを　みに　いきます。

　　　１　母調　　　　　　２　毎月　　　　　３　母調　　　　　４　毎週

漢字リスト

Kanji are grouped by stroke order and then ordered by page number.
Los kanji están agrupados por orden de trazos y luego ordenados por número de página.

1	
一	10

2	
二	10
七	12
八	12
九	12
十	12
人	14
入	44

3	
三	10
才	12
千	14
万	14
々	18
土	26
川	28
山	28
上	34
下	34
子	48
女	48
大	50
小	50
口	58

4	
五	10
六	10
円	14
今	16
月	16
日	16
分	18
火	26
水	26
木	26
元	30
天	30
中	34
方	36
午	46
父	48
友	48
手	58

5	
四	10
末	16
半	18
生	18
石	28
去	32
外	34
右	34
左	34
北	36
出	44
本	46
母	48
広	50
白	52
目	58
田	60
仕	60
古	62

6	
百	12
年	14
先	16
気	30
毎	32
西	36
行	42
休	42
名	46
好	52
色	52
耳	58
米	60
会	62

7	
私	18
言	20
来	20
何	20
花	28
車	42
見	44
男	48
赤	52
足	58

グループ1

れんしゅう A

Look at the pictures and write the correct word.
Mira las imágenes y escribe la palabra correcta.

1. 三つ
2. 一つ
3. 五つ
4. 二つ

れんしゅう B

Draw a line to connect the characters with the same meaning.
Dibuja una línea para conectar los caracteres con el mismo significado.

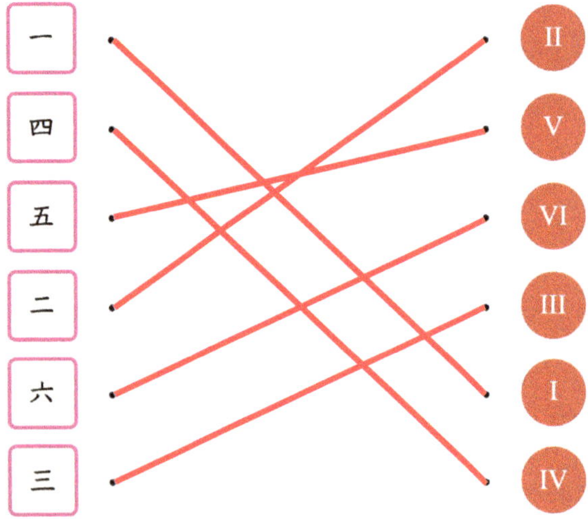

れんしゅう C

How do you write the underlined word? Choose the best choice from options 1, 2, 3, and 4.
¿Cómo se escribe la palabra subrayada? Elige la mejor opción entre las opciones 1, 2, 3 y 4.

1. 2
2. 1
3. 4

れんしゅう D

How do you write the underlined word in hiragana? Choose the best choice from options 1, 2, 3, and 4.
¿Cómo se escribe la palabra subrayada en hiragana? Elige la mejor opción entre las opciones 1, 2, 3 y 4.

1. 4
2. 1

グループ2

れんしゅう A

Write it using kanji.
Escríbelo en kanji.

1. 十五才
2. 八十才
3. 二十六才
4. 百二十九才

れんしゅう B

Write the answer using kanji.
Escribe la respuesta usando kanji.

1. 二十一
2. 十九

3. 百
4. 七十
5. 九十八
6. 二百七十

れんしゅう C

How do you write the underlined word? Choose the best choice from options 1, 2, 3, and 4.
¿Cómo se escribe la palabra subrayada? Elige la mejor opción entre las opciones 1, 2, 3 y 4.

1. 4
2. 4
3. 3

れんしゅう D

How do you write the underlined word in hiragana? Choose the best choice from options 1, 2, 3, and 4.
¿Cómo se escribe la palabra subrayada en hiragana? Elige la mejor opción entre las opciones 1, 2, 3 y 4.

1. 1
2. 1
3. 3

グループ3

れんしゅう A

Write it using kanji. For example: ¥300 → 三百円

Escríbelo en kanji. Por ejemplo: ¥300 → 三百円

1. 四万円
2. 五千円
3. 八万九千円

れんしゅう B

Write each kanji reading using hiragana.
Escribe cada lectura de kanji usando hiragana.

1. じん
2. さんにん

3. ろくまんえん
4. せんにひゃく
5. じん
6. いちまんきゅうせんさんびゃくごじゅうは
　 ちにん

れんしゅう C

How do you write the underlined word? Choose the best choice from options 1, 2, 3, and 4.
¿Cómo se escribe la palabra subrayada? Elige la mejor opción entre las opciones 1, 2, 3 y 4.

1. 1
2. 4
3. 3
4. 3

れんしゅう D

How do you write the underlined word in hiragana? Choose the best choice from options 1, 2, 3, and 4.
¿Cómo se escribe la palabra subrayada en hiragana? Elige la mejor opción entre las opciones 1, 2, 3 y 4.

1. 2
2. 4
3. 3

グループ4

れんしゅう A

Write it using kanji.
Escríbelo en kanji.

1. 今週 の 週末
2. 先月 の 月末

れんしゅう B

What day is it? Write it using kanji.
¿Qué día es? Escríbelo usando kanji.

1. 十一日
2. 二十三日

How do you write the underlined word? Choose the best choice from options 1, 2, 3, and 4.
¿Cómo se escribe la palabra subrayada? Elige la mejor opción entre las opciones 1, 2, 3 y 4.

1. 1
2. 3
3. 3

How do you write the underlined word in hiragana? Choose the best choice from options 1, 2, 3, and 4.
¿Cómo se escribe la palabra subrayada en hiragana? Elige la mejor opción entre las opciones 1, 2, 3 y 4.

1. 2
2. 2
3. 2

グループ5

Write it using kanji.
Escríbelo en kanji.

1. 四時半
2. 十一時
3. 九時 15 分
4. 六時 45 分

Draw a line to match each person with their country.
Dibuja una línea para unir a cada persona con su país.

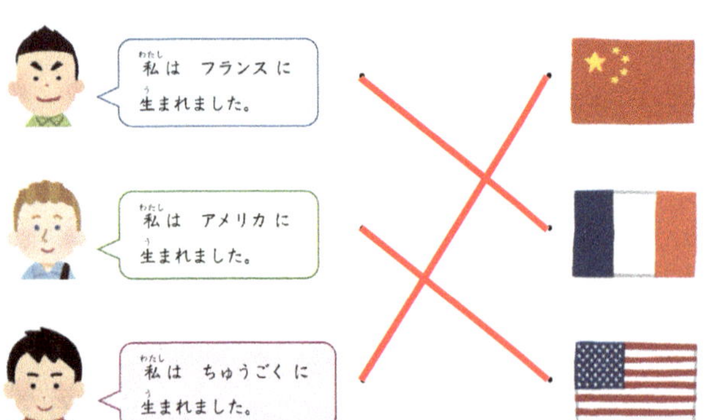

How do you write the underlined word? Choose the best choice from options 1, 2, 3, and 4.
¿Cómo se escribe la palabra subrayada? Elige la mejor opción entre las opciones 1, 2, 3 y 4.

1. 3
2. 2
3. 3

How do you write the underlined word in hiragana? Choose the best choice from options 1, 2, 3, and 4.
¿Cómo se escribe la palabra subrayada en hiragana? Elige la mejor opción entre las opciones 1, 2, 3 y 4.

1. 4
2. 3

グループ6

Draw a line to connect the kanji with its parts.
Dibuja una línea para conectar el kanji con sus partes.

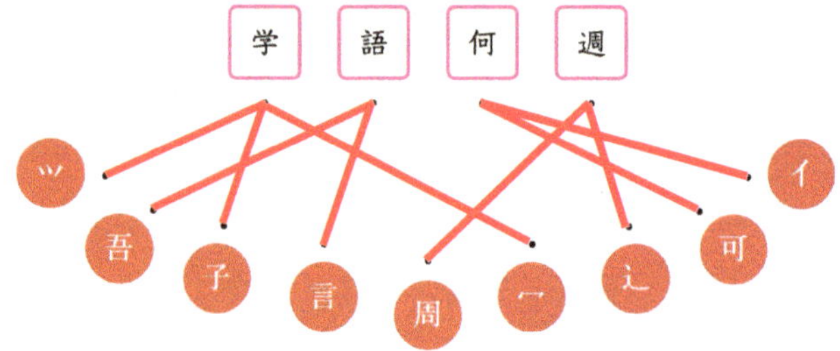

How do you write the underlined word? Choose the best choice from options 1, 2, 3, and 4.
¿Cómo se escribe la palabra subrayada? Elige la mejor opción entre las opciones 1, 2, 3 y 4.

1. 2
2. 1
3. 4

れんしゅう D

*How do you write the underlined word in hiragana?
Choose the best choice from options 1, 2, 3, and 4.
¿Cómo se escribe la palabra subrayada en hiragana?
Elige la mejor opción entre las opciones 1, 2, 3 y 4.*

1. 4
2. 1
3. 3

第1週　小テスト

*How do you write the underlined word? Choose the best
choice from options 1, 2, 3, and 4.
¿Cómo se escribe la palabra subrayada? Elige la mejor
opción entre las opciones 1, 2, 3 y 4.*

1. 1
2. 3
3. 1
4. 2
5. 4
6. 1
7. 2
8. 4
9. 3
10. 3

*How do you write the underlined word in hiragana?
Choose the best choice from options 1, 2, 3, and 4.
¿Cómo se escribe la palabra subrayada en hiragana?
Elige la mejor opción entre las opciones 1, 2, 3 y 4.*

1. 4
2. 4
3. 2
4. 2
5. 4
6. 1
7. 1
8. 2
9. 2
10. 4

グループ7

れんしゅう A

*Write it using kanji.
Escríbelo en kanji.*

1. 水
2. お金
3. 木
4. 火
5. 土
6. 月

れんしゅう B

*Write each kanji reading using hiragana.
Escribe cada lectura de kanji usando hiragana.*

1. き　き　あいだ
2. さんしゅうかん
3. みず
4. ひ

れんしゅう C

*How do you write the underlined word? Choose the best
choice from options 1, 2, 3, and 4.
¿Cómo se escribe la palabra subrayada? Elige la mejor
opción entre las opciones 1, 2, 3 y 4.*

1. 1
2. 4
3. 1
4. 4

れんしゅう D

*How do you write the underlined word in hiragana?
Choose the best choice from options 1, 2, 3, and 4.
¿Cómo se escribe la palabra subrayada en hiragana?
Elige la mejor opción entre las opciones 1, 2, 3 y 4.*

1. 2
2. 4
3. 1

グループ8

れんしゅう A

Write it using kanji.
Escríbelo en kanji.

1. 15 日 は　火曜日 です。
2. 今日 は　木曜日 です。
3. 金曜日 に　山 に　のぼります。

れんしゅう B

Draw a line to connect the kanji with the correct picture.
Dibuja una línea para conectar el kanji con la imagen correcta.

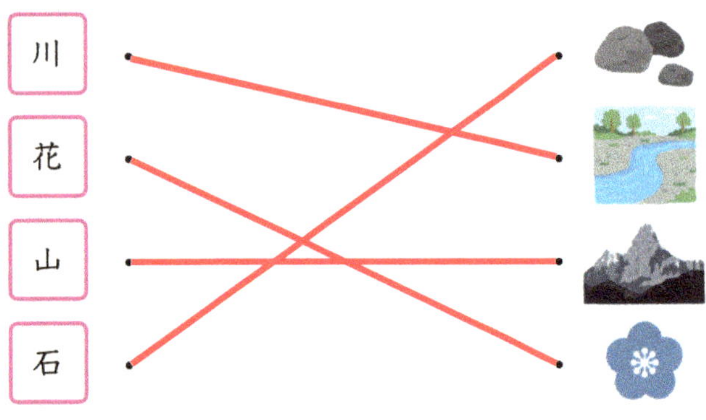

れんしゅう C

How do you write the underlined word? Choose the best choice from options 1, 2, 3, and 4.
¿Cómo se escribe la palabra subrayada? Elige la mejor opción entre las opciones 1, 2, 3 y 4.

1. 2
2. 4
3. 3

れんしゅう D

How do you write the underlined word in hiragana? Choose the best choice from options 1, 2, 3, and 4.
¿Cómo se escribe la palabra subrayada en hiragana? Elige la mejor opción entre las opciones 1, 2, 3 y 4.

1. |
2. |

グループ9

れんしゅう A

Write it using kanji.
Escríbelo en kanji.

1. 元
2. 森
3. 天
4. 風

れんしゅう B

Which kanji is correct? Circle the correct kanji.
¿Qué kanji es correcto? Encierra en un círculo el kanji correcto.

1. てん気　　天 vs 夭
2. かぜ　　　凮 vs 風
3. はやし　　材 vs 林
4. きを つけます　気 vs 氣

れんしゅう C

How do you write the underlined word? Choose the best choice from options 1, 2, 3, and 4.
¿Cómo se escribe la palabra subrayada? Elige la mejor opción entre las opciones 1, 2, 3 y 4.

1. 3
2. |
3. 4
4. 2

れんしゅう D

How do you write the underlined word in hiragana? Choose the best choice from options 1, 2, 3, and 4.
¿Cómo se escribe la palabra subrayada en hiragana? Elige la mejor opción entre las opciones 1, 2, 3 y 4.

1. 4
2. 2

3. 3
4. 4

グループ10

れんしゅうA

Write it using kanji.
Escríbelo en kanji.

1. 毎日、国語を べんきょう します。
2. 電気を つけて、明るく しましょう。

れんしゅうB

Find a pattern and write the correct word using kanji.
Encuentra un patrón y escribe la palabra correcta usando kanji.

1. 先週　今週　来週　毎週
2. 昨日　今日　明日　毎日
3. 先月　今月　来月　毎月
4. 去年　今年　来年　毎年

れんしゅうC

How do you write the underlined word? Choose the best choice from options 1, 2, 3, and 4.
¿Cómo se escribe la palabra subrayada? Elige la mejor opción entre las opciones 1, 2, 3 y 4.

1. 4
2. 4
3. 1

れんしゅうD

How do you write the underlined word in hiragana? Choose the best choice from options 1, 2, 3, and 4.
¿Cómo se escribe la palabra subrayada en hiragana? Elige la mejor opción entre las opciones 1, 2, 3 y 4.

1. 2
2. 2
3. 4

グループ11

れんしゅうA

Write the opposite word using kanji.
Escribe la palabra opuesta usando kanji.

1. 上 ⇔ 下
2. 左 ⇔ 右
3. 中 ⇔ 外

れんしゅうB

Create a sentence that matches the picture.
Crea una oración que coincida con la imagen.

1. いぬは はこの 中に います。
2. ハムスターは テーブルの 下に います。
3. おとこのこは おんなのこの 左に います。

れんしゅうC

How do you write the underlined word? Choose the best choice from options 1, 2, 3, and 4.
¿Cómo se escribe la palabra subrayada? Elige la mejor opción entre las opciones 1, 2, 3 y 4.

1. 1
2. 4
3. 1

れんしゅうD

How do you write the underlined word in hiragana? Choose the best choice from options 1, 2, 3, and 4.
¿Cómo se escribe la palabra subrayada en hiragana? Elige la mejor opción entre las opciones 1, 2, 3 y 4.

1. 2
2. 2
3. 3

グループ12

Write it using kanji.
Escríbelo en kanji.

1. 雨
2. 北 アメリカ
   南 アメリカ

Write it using kanji.
Escríbelo en kanji.

```
      北
西        東
      南
```


How do you write the underlined word? Choose the best choice from options 1, 2, 3, and 4.
¿Cómo se escribe la palabra subrayada? Elige la mejor opción entre las opciones 1, 2, 3 y 4.

1. 3
2. 3
3. 1

How do you write the underlined word in hiragana? Choose the best choice from options 1, 2, 3, and 4.
¿Cómo se escribe la palabra subrayada en hiragana? Elige la mejor opción entre las opciones 1, 2, 3 y 4.

1. 4
2. 1
3. 1

第2週　小テスト

How do you write the underlined word? Choose the best choice from options 1, 2, 3, and 4.
¿Cómo se escribe la palabra subrayada? Elige la mejor opción entre las opciones 1, 2, 3 y 4.

1. 2
2. 4
3. 4
4. 2
5. 4
6. 1
7. 3
8. 1
9. 1
10. 4

How do you write the underlined word in hiragana? Choose the best choice from options 1, 2, 3, and 4.
¿Cómo se escribe la palabra subrayada en hiragana? Elige la mejor opción entre las opciones 1, 2, 3 y 4.

1. 4
2. 3
3. 1
4. 4
5. 1
6. 3
7. 2
8. 4
9. 2
10. 3

グループ13

Write it using kanji.
Escríbelo en kanji.

1. 車で　行きます。
2. 休日に　食べましょう。
3. 何を　飲みますか。

れんしゅう B

Draw a line to connect the kanji with the correct picture.
Dibuja una línea para conectar el kanji con la imagen correcta.

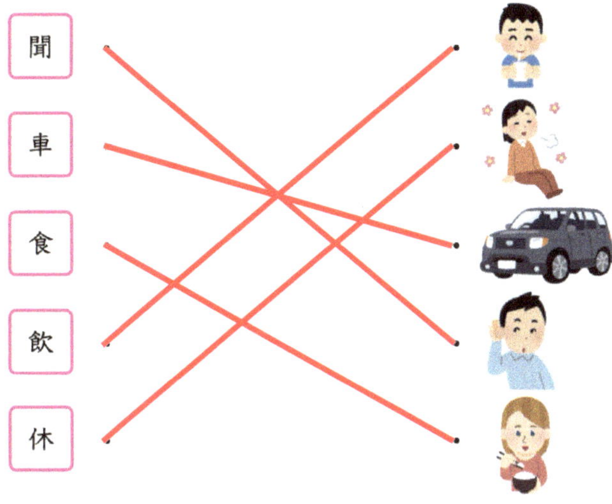

聞
車
食
飲
休

れんしゅう C

How do you write the underlined word? Choose the best choice from options 1, 2, 3, and 4.
¿Cómo se escribe la palabra subrayada? Elige la mejor opción entre las opciones 1, 2, 3 y 4.

1. 2
2. 3
3. 1

れんしゅう D

How do you write the underlined word in hiragana? Choose the best choice from options 1, 2, 3, and 4.
¿Cómo se escribe la palabra subrayada en hiragana? Elige la mejor opción entre las opciones 1, 2, 3 y 4.

1. 2
2. 4

グループ14

れんしゅう A

Write it using kanji.
Escríbelo en kanji.

1. 見
2. 話
3. 書
4. 読

れんしゅう B

Write each kanji reading using hiragana.
Escribe cada lectura de kanji usando hiragana.

1. はなし　よ
2. はい　で
3. なんさい　か

れんしゅう C

How do you write the underlined word? Choose the best choice from options 1, 2, 3, and 4.
¿Cómo se escribe la palabra subrayada? Elige la mejor opción entre las opciones 1, 2, 3 y 4.

1. 1
2. 2
3. 3

れんしゅう D

How do you write the underlined word in hiragana? Choose the best choice from options 1, 2, 3, and 4.
¿Cómo se escribe la palabra subrayada en hiragana? Elige la mejor opción entre las opciones 1, 2, 3 y 4.

1. 3
2. 2
3. 4

グループ15

れんしゅう A

Write it using kanji.
Escríbelo en kanji.

1. 名人
2. 本屋
3. 日本

れんしゅう B

Write the time in kanji.
Escribe la hora en kanji.

1. 午前 10時
2. 午後 8時半
3. 午後 3時

れんしゅう C

How do you write the underlined word? Choose the best choice from options 1, 2, 3, and 4.
¿Cómo se escribe la palabra subrayada? Elige la mejor opción entre las opciones 1, 2, 3 y 4.

1. 4
2. 1
3. 2

れんしゅう D

How do you write the underlined word in hiragana? Choose the best choice from options 1, 2, 3, and 4.
¿Cómo se escribe la palabra subrayada en hiragana? Elige la mejor opción entre las opciones 1, 2, 3 y 4.

1. 4
2. 2
3. 4
4. 1

グループ16

れんしゅう A

Write it using kanji.
Escríbelo en kanji.

1. 女 の 子
2. 男 の 人
3. 男 の 子
4. 女 の 人

れんしゅう B

Write the correct words using kanji.
Escribe las palabras correctas usando kanji.

1. 父 と 母 です。
2. サマンサーさん の　お父さん と お母さん です。

れんしゅう C

How do you write the underlined word? Choose the best choice from options 1, 2, 3, and 4.
¿Cómo se escribe la palabra subrayada? Elige la mejor opción entre las opciones 1, 2, 3 y 4.

1. 1
2. 1
3. 2

れんしゅう D

How do you write the underlined word in hiragana? Choose the best choice from options 1, 2, 3, and 4.
¿Cómo se escribe la palabra subrayada en hiragana? Elige la mejor opción entre las opciones 1, 2, 3 y 4.

1. 4
2. 2

れんしゅう A

Write it using kanji.
Escríbelo en kanji.

1. 小学校
2. 中学校
3. 高校

れんしゅう B

Which kanji is correct? Circle the correct kanji.
¿Qué kanji es correcto? Encierra en un círculo el kanji correcto.

1. <u>おお</u>きい　　天　vs　(大)
2. <u>ちい</u>さい　　少　vs　(小)
3. <u>たか</u>い　　(高)　vs　亮
4. <u>ひろ</u>い　　応　vs　(広)

れんしゅう C

How do you write the underlined word? Choose the best choice from options 1, 2, 3, and 4.
¿Cómo se escribe la palabra subrayada? Elige la mejor opción entre las opciones 1, 2, 3 y 4.

1. 3
2. 4
3. 1
4. 4

れんしゅう D

How do you write the underlined word in hiragana? Choose the best choice from options 1, 2, 3, and 4.
¿Cómo se escribe la palabra subrayada en hiragana? Elige la mejor opción entre las opciones 1, 2, 3 y 4.

1. 2
2. 3
3. 2
4. 1

れんしゅう A

Write it using kanji.
Escríbelo en kanji.

1. 青
2. 黒
3. 赤
4. 白

れんしゅう B

Write each kanji reading using hiragana.
Escribe cada lectura de kanji usando hiragana.

1. す　いろ
2. あか
3. いろいろ　ひと
4. くろ　ほん

れんしゅう C

How do you write the underlined word? Choose the best choice from options 1, 2, 3, and 4.
¿Cómo se escribe la palabra subrayada? Elige la mejor opción entre las opciones 1, 2, 3 y 4.

1. 4
2. 2
3. 2
4. 1

れんしゅう D

How do you write the underlined word in hiragana? Choose the best choice from options 1, 2, 3, and 4.
¿Cómo se escribe la palabra subrayada en hiragana? Elige la mejor opción entre las opciones 1, 2, 3 y 4.

1. 1
2. 4
3. 1
4. 3

第３週　小テスト

How do you write the underlined word? Choose the best choice from options 1, 2, 3, and 4.
¿Cómo se escribe la palabra subrayada? Elige la mejor opción entre las opciones 1, 2, 3 y 4.

1. 2
2. 2
3. 1
4. 4
5. 3
6. 4
7. 1
8. 1
9. 3
10. 2

How do you write the underlined word in hiragana? Choose the best choice from options 1, 2, 3, and 4.
¿Cómo se escribe la palabra subrayada en hiragana? Elige la mejor opción entre las opciones 1, 2, 3 y 4.

1. 1
2. 4
3. 4
4. 3
5. 3
6. 3
7. 1
8. 4
9. 3
10. 3

グループA

れんしゅう A

Write it using kanji.
Escríbelo en kanji.

1. 口は　目より　大きい　です。
2. 体の　ストレッチを　します。

れんしゅう B

Write it using kanji.
Escríbelo en kanji.

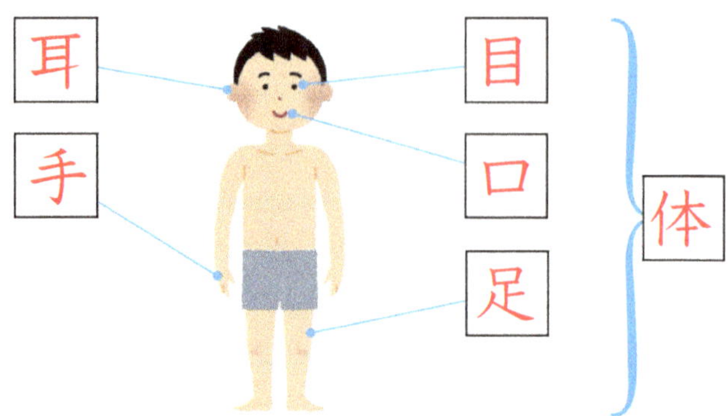

れんしゅう C

How do you write the underlined word? Choose the best choice from options 1, 2, 3, and 4.
¿Cómo se escribe la palabra subrayada? Elige la mejor opción entre las opciones 1, 2, 3 y 4.

1. 1
2. 4
3. 1

れんしゅう D

How do you write the underlined word in hiragana? Choose the best choice from options 1, 2, 3, and 4.
¿Cómo se escribe la palabra subrayada en hiragana? Elige la mejor opción entre las opciones 1, 2, 3 y 4.

1. 3
2. 4
3. 3

グループB

れんしゅう A

Write it using kanji.
Escríbelo en kanji.

1. 英国
2. 米国

3. 東京

れんしゅう B

How do you write the underlined word? Choose the best choice from options 1, 2, 3, and 4.
¿Cómo se escribe la palabra subrayada? Elige la mejor opción entre las opciones 1, 2, 3 y 4.

1. 3
2. 1
3. 3
4. 1

れんしゅう C

How do you write the underlined word in hiragana? Choose the best choice from options 1, 2, 3, and 4.
¿Cómo se escribe la palabra subrayada en hiragana? Elige la mejor opción entre las opciones 1, 2, 3 y 4.

1. 4
2. 4
3. 2
4. 2

グループ C

れんしゅう A

Write it using kanji.
Escríbelo en kanji.

1. 買
2. 思
3. 古
4. 新

れんしゅう B

Draw a line to connect the kanji with the correct picture.
Dibuja una línea para conectar el kanji con la imagen correcta.

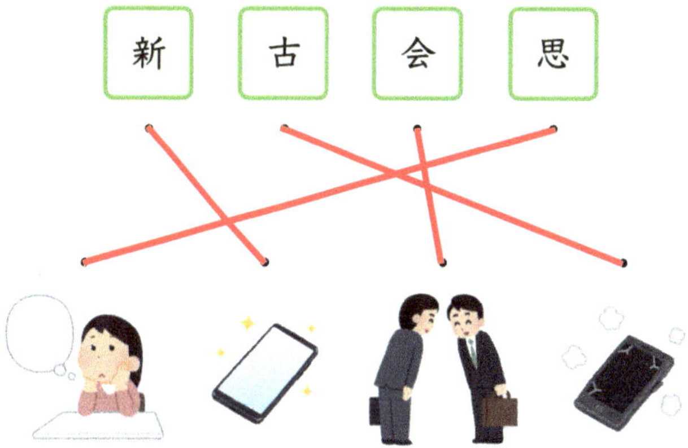

れんしゅう C

How do you write the underlined word? Choose the best choice from options 1, 2, 3, and 4.
¿Cómo se escribe la palabra subrayada? Elige la mejor opción entre las opciones 1, 2, 3 y 4.

1. 2
2. 3
3. 3

れんしゅう D

How do you write the underlined word in hiragana? Choose the best choice from options 1, 2, 3, and 4.
¿Cómo se escribe la palabra subrayada en hiragana? Elige la mejor opción entre las opciones 1, 2, 3 y 4.

1. 1
2. 3
3. 4

もぎテスト 1

How do you write the underlined word? Choose the best choice from options 1, 2, 3, and 4.
¿Cómo se escribe la palabra subrayada? Elige la mejor opción entre las opciones 1, 2, 3 y 4.

1. 3
2. 1
3. 4
4. 4
5. 3
6. 2

How do you write the underlined word in hiragana? Choose the best choice from options 1, 2, 3, and 4.
¿Cómo se escribe la palabra subrayada en hiragana? Elige la mejor opción entre las opciones 1, 2, 3 y 4.

7. 4
8. 4
9. 1
10. 3
11. 2
12. 1

もぎテスト 2

How do you write the underlined word? Choose the best choice from options 1, 2, 3, and 4.
¿Cómo se escribe la palabra subrayada? Elige la mejor opción entre las opciones 1, 2, 3 y 4.

1. 4
2. 3
3. 1
4. 2
5. 1
6. 2
7. 4

How do you write the underlined word in hiragana? Choose the best choice from options 1, 2, 3, and 4.
¿Cómo se escribe la palabra subrayada en hiragana? Elige la mejor opción entre las opciones 1, 2, 3 y 4.

8. 4
9. 3
10. 2
11. 1
12. 1

もぎテスト 3

How do you write the underlined word? Choose the best choice from options 1, 2, 3, and 4.
¿Cómo se escribe la palabra subrayada? Elige la mejor opción entre las opciones 1, 2, 3 y 4.

1. 3
2. 3
3. 2
4. 1
5. 4
6. 2
7. 3

How do you write the underlined word in hiragana? Choose the best choice from options 1, 2, 3, and 4.
¿Cómo se escribe la palabra subrayada en hiragana? Elige la mejor opción entre las opciones 1, 2, 3 y 4.

8. 4
9. 1
10. 2
11. 3
12. 4

www.ingramcontent.com/pod-product-compliance
Lightning Source LLC
Chambersburg PA
CBHW040148110726
48005CB00018B/2694